MAKING SOMETHING OUT OF NOTHING

MAKING SOMETHING OUT OF NOTHING

Der Guide für Frauen,
die in ihrem Leben noch etwas reissen wollen

DORIS GROSS

Copyright © 2016 Doris Gross

Illustration: Doris Gross
Herausgeber: Fempress Media UG, Neuenstein
Herstellung und Verlag: BoD – Books on Demand, Norderstedt

ISBN: 9-783741-267420

www.mrsglobalicious.com
doris@mrsglobalicious.com

Alle Rechte vorbehalten,
insbesondere das Recht auf Vervielfältigung
sowie Übersetzung.

Kein Teil dieses Buches darf in irgendeiner Form ohne schriftliche Genehmigung der Autorin reproduziert oder unter Verwendung elektronischer Systeme verarbeitet, vervielfältigt oder verbreitet werden.

Bibliografische Information der Deutschen Nationalbibliothek:
Die Deutsche Nationalbibliothek verzeichnet dieses Publikation in der Deutschen Nationalbibliografie; detaillierte bibliografische Daten sind im Internet über http://dnb.dnb.de abrufbar.

Für meine Eltern Sofia und Günter und für meine Oma Rosina.
Weil ihr immer an mich geglaubt habt.

Danke. Aus tiefstem Herzen.

Und für dich.

Weil du dich für dein Herz entschieden hast

INHALT

Einleitung
Warum ich dieses Buch für dich schreibe
Warum du dieses Buch lesen solltest
Was ist in diesem Buch und wie wende ich es an?

Kapitel 1:
Nur wer weiss was er will, hat eine reale Chance

1.1. Warum es so wichtig ist sich selbst zu verwirklichen
1.2. Hand auf´s Herz – gibst du wirklich alles?
1.3. „There is nothing wrong with dreaming big"
1.4. Wie du deine Leidenschaft findest und warum sie so wichtig ist
1.5. „Soll ich für meinen Traum alles hinschmeissen?"
1.6. Wie du Skepsis und Angst für deinen Neuanfang nutzt

Kapitel 2:
Der erste Schritt

2.1. Der Unabhängigkeitsstolz einer jeden Frau
2.2. Warum es so sinnvoll ist, klein anzufangen

2.3. „Verdammt, es gibt noch 1000 andere mit der gleichen Businessidee!"
2.4. Bist du neidisch auf den Erfolg anderer?
2.5. Wie du die richtigen Entscheidungen für dich triffst

Kapitel 3:
Kontrolliere dein Umfeld

3.1. Hast du die richtigen Freunde an deiner Seite?
3.2. So findest du den richtigen Businesspartner
3.3. Wie du es schaffst, dass dein Umfeld dich ernst nimmt
3.4. „Soll ich Tipps von meinem Partner annehmen?"
3.5. Wie du lernst, nein zu sagen, auch wenn du vorher ja gesagt hast

Kapitel 4:
Money on my Mind

4.1. Ohne Moos nix los – Wie starte ich ein Business ohne Geld?
4.2. Wie du trotz mageren Startkapitals Moneten scheffeln kannst

Kapitel 5:
Rock your Business

5.1. Ein Masterplan für den Erfolg?

5.2. Was du von deinem Job in deine Selbstständigkeit mitnehmen kannst
5.3. „Bin ich zu lahmarschig?" – Wie du am besten Prioritäten setzt
5.4. Wie du das Maximum an Produktivität aus dir herausholst

Kapitel 6:
Der Kampf gegen die Kritiker

6.1. Wie du trotz Krisenzeiten die Euphorie an deiner Idee nicht verlierst
6.2. Die persönliche Veränderung

Über mich, Doris Gross

EINLEITUNG

Da sitze ich nun, frei und unabhängig. Mit einem Kaffee in der Linken und einer Zigarette in der Rechten. Seelenruhig und doch voller Gedankenwirrwarr starre ich auf die Tannenspitzen der riesigen Bäume, die vor mir majestätisch in die Höhe ragen. Eigentlich rauche ich nicht, zumindest nicht regelmässig. Bin eher eine, die damit ihren Gefühlen Raum geben will, wenn diese mal wieder Überstunden machen. Und das haben sie gerade getan. Ich habe mir lange Gedanken darüber gemacht, wie sich dieser Moment anfühlen wird. Der Tag, an dem ich meinen Arbeitsplatz verlasse und mich ganz unbeholfen in die Selbstverwirklichung stürze. Ohne konkreten Plan. Allein mit dem unbrechbaren Willen etwas ganz grosses auf die Beine stellen zu wollen. Die letzten Tage habe ich damit verbracht, mir sämtliche Informationen von Frauen zu Herzen zu nehmen, die den gleichen Schritt gewagt haben, denn ich drifte immer wieder in Selbstzweifel oder Versagensängste ab. Was, wenn ich nicht rechtzeitig den Fuss in die Tür bekomme? Was, wenn mein Plan nicht aufgeht und ich feststelle, dass das alles doch nichts für mich ist? Was, wenn ich wie ein räudiger Hund, der vorher noch grosse Töne gespuckt hat, wieder an die Tür des Angestelltendaseins anklopfen muss? Instinktiv weiss ich, dass ich das richtige getan habe. Engelchen und Teufelchen streiten sich aber trotzdem noch vehement auf meinen Schultern. Und deshalb lese ich. Ich will alles darüber wissen, wie sich andere Frauen fühlen. Frauen, die den gleichen Sprung gewagt haben. Ich will alles über Frauen wissen, die wie ich keine grossen Rücklagen in der Hinterhand gehabt und sich trotzdem für sich selbst entschieden haben. Sie sollen mir bestätigen, dass Reue zu keinem Zeitpunkt eine Rolle gespielt hat.

Eigentlich habe ich meinen Job geliebt. Die Kollegen waren okay, der Chef toll und vor allen Dingen das Aufgabengebiet. Ja, eigentlich war das alles voll meins. Aber auch nur eigentlich. Viele Jahre hatte ich darauf hingearbeitet. Praktikum hier, Praktikum da, Abendstudium neben der Ausbildung, plus Nebenjob um mir das Studium finanzieren zu können. Ich versuchte herauszufinden, ob mir die Arbeit beim Radio mehr Spass machen würde als beim Fernsehen und ob ich in einer Online-Marketing Agentur besser aufgehoben wäre, als in der Marketing-Abteilung eines grossen Technologieunternehmens. Ich ging von einer Festanstellung den Rückschritt in ein Volontariat, weil ich das journalistische Handwerk von der Pike auf lernen wollte. Knapp zwei Jahre lang habe ich meinen Traum der Journalistin gelebt. Ich dachte, ich hätte den Höhepunkt erreicht, als ich plötzlich mit dem Schreiben mein tägliches Brot verdienen konnte, war das doch immer das was ich immer wollte. Auch wenn ganz am Anfang nur die Vorstellung des „irgendwas mit Medien machen wollens" stand, sollte ich nun endlich vom Schreiben leben können. Doch irgendwie war das Gefühl nach zwei Jahren nicht mehr das Gleiche. Ich verlor mich irgendwann selbst zwischen den Redaktionsmeetings, der Themenwahl und dem Rapport an die Redaktionsleitung und den Verleger. Ich merkte, wie ich zunehmend unglücklicher wurde und hatte einfach keine Lust mehr, mich mit sinnlosen Themen auseinanderzusetzen. Ich verlor meine sonst so fröhliche Art und ich wurde depressiv. Was war los? Hatte ich einen Schub voller Luxusprobleme? Immer wieder ermahnte ich mich selbst zu mehr Wertschätzung. Ich sträubte mich dagegen, mein Herz sprechen zu lassen und ignorierte mich und meinen Selbstwert. Jedoch ging das nicht lange gut und ich gestand mir ein, dass diese Unzufriedenheit kein Dauerzustand sein konnte – und auch nicht durfte. Ich konnte mich nicht mehr kreativ austoben und funktionierte nur noch nach Vorgaben. Wie das bei Journalisten so ist, schrieb ich viel über Dinge, die mich persönlich nicht im Geringsten interessierten. Über Biobauernhöfe in der Region, über Sozialschmarotzer, die sich darüber beschwerten, dass sie kein Geld mehr vom Staat bekommen und über einen Pornoladen, der in der Fußgängerzone eines vornehmen Städtchens gegen Widerworte kämpfen musste. Über all den Müll eben, der vorwiegend immer nur Negativschlagzeilen hervorbrachte. Positive Nachrichten gaben einfach nicht genug her. Ich hingegen wollte über Themen schreiben, die sich mit den positiven Dingen des Lebens beschäftigten. Ich wollte mich mit Menschen und ihren Bedürfnissen beschäftigen, Erfolgserlebnisse herauskitzeln und nicht nur Schlagzeilen produzieren, damit die Zeitung zu Redaktionsschluss gefüllt wurde. Dazu kam die ständige Nebenbuhlerei. Vereinzelnde Kollegen, die ihren Missmut in Form von Neid und Aufmerksamkeitsstörungen am Arbeitsklima ausliessen, es gibt sie schliesslich überall. Ich hatte einfach keine Lust mehr. Ich hatte es einfach satt – ich hatte es satt, die Träume der anderen zu leben anstatt mich um meinen eigenen zu kümmern.

Und nun war er da. Der Tag, an dem ich mich mit einem noch nie da gewesenen Gefühl von Freiheit verabschiedete und die letzten Schritte aus meinem Büro ging. Das Büro, das ich höchstwahrscheinlich nie wieder betreten werde, und ich habe es auch nicht vor.

Doch von vorn.

Ich bin Doris, nun Journalistin mit eigenem Verlag. Ich bin Schreiberling aus Leidenschaft, leide unter chronischem Fernweh und ich bin Hundeliebhaberin bis in die tiefste Pore meines Körpers. Ausserdem bin ich ein Selbstverwirklichungsjunkie wie er im Bilderbuche steht. Mir ist kein Traum zu gross, kein Weg zu weit und kein Miesmacher zu kritisch, als das ich mir etwas ausreden lasse. Mit 21 Jahren bekam ich die Flatter und wollte etwas von der Welt sehen. Schon damals wusste ich, was ich wollte. Ich wollte reisen, ich wollte eigenständig sein, ich wollte Abenteuer und ich wollte irgendwas mit Medien machen. Aber vor allen Dingen wollte ich eins: Ich wollte mir Träume erfüllen. Doch alles was ich bis dahin tat, hatte nichts mit all dem zu tun. Ich zog viel um und lebte an vielen Orten in Deutschland, den USA und in der Schweiz. Ich blieb ich immer so lange, bis es mir nicht mehr gefiel oder das Visum es nicht mehr zuliess. Mehr als zehn Umzüge, davon mittlerweile fünf Neuanfänge in mir bis dahin völlig fremden Städten, schmücken bisher meine Vita. Ich lebe nicht auf der Flucht – auch wenn es so den Anschein macht – aber ich lebe den Pippi Langstrumpf Style, denn ich lebe wie es mir gefällt.

Lass es mich dir so erklären: Menschen wie ich haben eine Vorstellung vom Leben, die (noch) nicht so ganz gesellschaftskonform ist. Aber das spielt für uns auch keine Rolle. Warum wir nicht sesshaft werden wollen? Nun ja, es ist nicht so, dass wir es nicht wollen, es bietet sich einfach nur noch nicht an. Warum sollen wir an einem Ort bleiben, der sich für uns als nicht passend anfühlt? Sicherlich suchen wir etwas. Was genau, können wir häufig nicht einmal selbst sagen, denn manchmal wissen wir es selbst nicht. Aber es hat viel mit persönlicher Erfüllung zu tun. Privat, beruflich, seelisch, mental.

Mein Leben unterscheidet sich nicht großartig zu dem Leben eines normalen Durchschnittsbürgers, abgesehen von den vielen Umzügen und dass ich mich gerne ins Unbekannte stürze, bin ich eigentlich wie jeder andere. Okay, vielleicht unterscheidet es sich doch etwas mehr. Ich geniesse die Anonymität an einem neuen Ort und ich brauche nicht viel um glücklich zu sein. Manchmal brauche ich nicht einmal Menschen. Ich habe einen kleinen, wirklich sehr kleinen Freundeskreis und lebe seit Jahren fast ausschließlich mit einer Konstanten: meiner Familie. Mit Personen, die mich schon mein Leben lang begleiten. Wenn auch zumeist virtuell. Ich kann sie an zwei Händen abzählen. Das sind die, die mich kennen, die mich schätzen und die mich nie für meinen bewegenden Lebensstil verurteilen, denn sie kennen mich nicht anders. Sie sind diejenigen, die immer als erstes auf der Matte stehen und kommentarlos meine Kisten schleppen, wenn nötig bis unters Dach. Auch wenn sie meine Mätzchen nicht immer nachvollziehen können, lassen sie mich mein Leben leben, so wie ich es für richtig halte. Das ist für mich mehr Wert, als jedes Kaffeekränzchen mit einem Heer voller gackernder Weiber bei Starbucks.

Wenn ich das Abenteuer in einer neuen Stadt herausfordere, habe ich immer einen festen Wohnsitz und gehe einem geregelten Job nach. Immer auf der Suche nach beruflicher Erfüllung, privatem Glück und einem Ort, an dem ich so sein kann, wie ich bin. Vor circa drei Jahren fing ich an zu bloggen, hätte bis vor ein paar Monaten aber nie auch nur einen Gedanken daran verschwendet, ein Business daraus zu machen. Alles änderte sich dann schlagartig im Januar 2015. In einem grosszügigen Mix aus Frust und dem Drang zur Selbstverwirklichung, gab ich mir selbst eine Chance. Ich kreierte ein Online-Magazin parallel zu meinem Fulltime-Job bei einem Zeitungsverlag. Damals war mir noch nicht bewusst, wie diese Entscheidung mein Leben später beeinflussen sollte. Das Magazin, oder vielmehr die Plattform, sollte ein Ort für Frauen werden, die mehr vom

Leben erwarten, als zu studieren, Kinder in die Welt zu setzen und dann als Hausfrau und Mutter vor sich hinzuvegetieren. Es sollte ein Ort werden für Frauen, die das eine vom anderen nicht ausschliessen wollten. Ein Ort, für Frauen wie mich. Mein Ziel ist, Frauen zu zeigen, wie wichtig es ist, an sich und ihre Fähigkeiten zu glauben, eigene Bedürfnisse ernst zu nehmen ohne ein schlechtes Gewissen zu haben. Da ich selbst weiss, wie zermürbend es sein kann, sich immer wieder selbst zurückzustellen, kenne ich mein Publikum sehr genau. Ich weiss was sie denken, wie sie denken, wie sie fühlen, was ihnen Sorgen bereitet, wovor sie Angst haben und worin ihre Herausforderungen bestehen. Wenn ich mich mit diesen Frauen unterhalte, ist es, als würde ich zu mir selbst sprechen.

Als ich mit dem Magazin anfing, gab es nur einen Haken: Wie sollte ich jemandem beibringen sich zu lieben und größeres zu bewirken, wenn ich selbst dazu nicht in der Lage war?

Wochen gingen ins Land und meine Gedanken machten mal wieder regelmässig Überstunden. Ich nahm mir Zeit für mich, reflektierte und analysierte das erste mal mein Leben – und mich selbst. Wer war ich eigentlich? Wo wollte ich hin? Was wollte ich erreichen? Warum wollte ich das was ich wollte? Und ab welchem Zeitpunkt habe ich mich selbst nicht mehr ernst genommen? Die Gedanken brachten mich zur Verzweiflung. Schnell musste ich mir viele Fehler zugestehen. Damit umzugehen fiel mir wirklich schwer. Dachte ich bisher doch immer, ich hätte alles richtig gemacht. Ich fühlte mich als Loser. Ich machte bisher einen großen entscheidenden Fehler und stellte mein Leben stets neben das meiner Bekannten, Freunde und ehemaliger Schulkameraden – manchmal sogar neben das von Leuten, die ich nicht einmal kannte. Neben all die anderen, die anscheinend ein glückliches Leben führten und Dinge erreicht hatten, die ich bis heute noch nicht habe: Ein Leben wie im Bilderbuch oder eine vorzeigekräftige Karriere. Ich musste mir auch eingestehen, dass ich sehr stark von dem beeinflusst wurde, was in den Social Media Netzwerken passierte. Fotos von den schönsten Stränden und von atemberaubendsten Momenten, sie flatterten jeden einzelnen Tag über meinen Bildschirm. Sie machten High-Class Urlaube an den schönsten Stränden, lebten in den schönsten Häusern, hatten die gutaussehendsten Partner (können manche Menschen wirklich so schön sein?) und irgendwie schien Geld nie ein Problem zu sein. Es schien, als hätten alle das Paradies am anderen Ende des Regenbogens gefunden. Den Topf mit all dem Gold. Alle, ausser mir. Unter all den Fehlern, die ich machte, war aber einer so schwerwiegend, dass er mich regelmässig aus der Bahn warf:

Ich verglich mich mit anderen.

Ich hätte das nicht tun dürfen, denn eines wurde mir schnell bewusst: All diese perfekten Bilder, die der Mensch versucht nach aussen abzugeben, entsprechen nur zu einem kleinen Prozentsatz der Wirklichkeit. Keiner dieser Social Media Gurus zeigt sich in verwundbaren Momenten. In Momenten, wo sie versagt haben, wo sie Rechnungen nicht zahlen konnten, wo sie vom Chef abgemahnt wurden oder wenn eine langjährige Beziehung in die Brüche ging und sie in Selbstmitleid versinken. Alle die Dinge eben, die ausschließlich hinter verschlossenen Türen passieren. Diese Erkenntnis schockierte mich. Nicht nur, weil ich herausfand, wie viel von dieser Perfektion wirklich perfekt war, sondern auch, weil mir klar wurde, dass ich im Vergleich zu anderen gar nicht so schlecht abschnitt wie ich immer dachte. Wer teilt schon gerne Momente, in denen er schwach ist, weint oder eben nicht das bekommt, was er sich wünscht? So ein Mensch wollte ich für mein zukünftiges Pilotprojekt nicht mehr sein. Auch wenn der stetige Vergleich nicht richtig war, hatte es dennoch ein Gutes: Es zeigte mir, dass ich es wieder schaffen musste Herr über mein Leben zu werden – unabhängig von dem, was neben mir passiert.

Mit diesem Bewusstsein in der Tasche suchte ich mir einen Coach mit einem Wahnsinnsgefühl und einer unschlagbaren Intuition. Sie rettete mir nicht nur einmal den Hintern, wenn mein Arsch mal wieder auf Grundeis ging. Sie schaffte es vor allen Dingen, mir das richtige Mindset für meinen Neustart zu verpassen. Sie zauberte nicht, aber sie erinnerte mich wieder an meinen Selbstwert. Mit ihrer Hilfe rockte ich innerhalb von ein paar Monaten mein Leben und ich konnte anderen Frauen helfen, dieses auch zu tun. Ich wusste nun im Detail, wie mein Publikum dachte, welche Ängste es hatte und auch wie ich es dazu inspirieren konnte nicht gleich beim ersten Zweifel aufzugeben. Es ging nicht darum, als erster durchs Ziel zu gehen, Patentrezepte vorzugaukeln oder aus heiligen Büchern vorzulesen. Mein Plan war, all die Frauen an die Hand zu nehmen und mit ihnen den Weg gemeinsam zu gehen. Authentisch und intensiv, mit Fehlern und positiven Erfahrungen. Ich wollte teilen und ebenso von anderen Frauen lernen. Und irgendwie fügten sich nun die Zahnräder wie von selbst. Mit ihrer Hilfe kreierte ich „Mrs Globalicious" – Namensgeberin für mein Magazin und fiktionale Persönlichkeit. Mrs Globalicious repräsentiert die Frau, die Ängste und Zweifel in Selbstsicherheit und Stärke umgewandelt hat. Sie lebt das Leben, dass sich so viele Frauen wünschen und verkörpert all jene, die dazu bereit sind, etwas für den eigenen Traum zu riskieren.

Einen Mentor für meine anstehende Lebensveränderung an meiner Seite zu haben, war für mich Gold wert. Es war die beste Entscheidung, die ich für meinen Neuanfang treffen konnte. Mit ihr gewann ich nicht nur einen wertvollen Mentor, sondern vielmehr eine Freundin, die immer hinter mir stand und mich motivierte, auch wenn uns tausende Meilen trennten. Es war, als stünde sie hinter mir um mir zu zeigen, wo ich hinschauen sollte, wenn mein Hamsterrad mal wieder klemmte. Sie nahm mir die Angst vor dem Versagen und half mir, klarer im Kopf zu werden. Ich wusste nun genau, was ich wollte, aber auch, was ich definitiv nicht mehr wollte. Ich lernte, dass es okay ist, grosse Träume zu haben und wie wichtig es ist, den Mut für ein besseres Leben aufzubringen. Ich lernte, meine Angst vor dem Unbekannten loszulassen, auch wenn es mich einiges an Überwindung kostete.

Mrs Globalicious ist mittlerweile mehr als nur ein grosses Herzensprojekt. Das Magazin ist mittlerweile zu einer Lebensaufgabe geworden, die auf meinem Weg zur Selbstständigkeit eine grosse Rolle spielt. Blut, Schweiss, Arbeit und vor allem Leidenschaft fließt in dieses Projekt um es zu meinem Lebensmittelpunkt zu machen. Nun, nachdem ich meine Festanstellung an den Nagel gehängt habe, kann ich bestimmen wie ich arbeite, wann ich arbeite und welchen Dingen und Personen ich meine Zeit und Aufmerksamkeit schenke. Ganz nach meinen Vorstellungen, mit meinen Worten, mit meinen Ideen. Ich habe meine Sicherheit gegen das Abenteuer eingetauscht und bin nun dabei, meinem Traum eine reale und intensive Chance zu geben. Ich bin dabei, mein eigenes kleines Imperium auf die Beine zu stellen.

Und hell yeah ... es fühlt sich verdammt gut an.

Warum ich dieses Buch für dich schreibe

Ich erinnere mich noch genau an dieses grausame Gefühl, als wäre es gestern gewesen: Ich war 15 Jahre alt und besuchte die neunte Klasse einer Gesamtschule. Ich und meine Schulkameraden standen kurz vor dem Schulpraktikum, dass zu dieser Zeit obligatorisch war. Schon damals hegte ich eine Leidenschaft für Kreativität und verbrachte jede freie Minute damit, zu zeichnen, zu malen und zu skizzieren. Jedenfalls erhielt ich die Möglichkeit in der Werbeabteilung einer kleinen Druckerei mein Schulpraktikum zu machen. Ich gab mir wirklich Mühe und hatte totalen Spaß daran, mit Photoshop zu arbeiten und mich kreativ auszutoben. Die Woche verging wie im Flug und ich fragte meinen Chef anschließend, ob ich mich im darauf folgenden Jahr für eine Ausbildungsstelle bewerben durfte. Er war einverstanden – genommen wurde ich trotz allem nicht. Warum? Er gab mir zu verstehen, dass ich nicht gut genug war. Mit 15. Ich war am Boden zerstört. Monatelang hatte ich mich darauf gefreut. Ich sah mich schon am Schreibtisch sitzen und meine ersten Werbekampagnen planen. Jedenfalls, Long Story Short, dieser Tag blieb mir im Gedächtnis. Unabhängig von meinem Alter, frustrierte mich wohl am meisten, dass ich eine Absage für etwas erhielt, was ich wirklich gerne und mit viel Leidenschaft getan hatte. Es verletzte mich, abgelehnt zu werden, weil ich nicht gut genug war. Weil irgend so eine dahergelaufene Schnepfe meinte, sie müsste mir meinen Platz streitig machen, jemand der sich womöglich nicht mal wirklich für diesen Beruf interessierte. Zu diesem Zeitpunkt schwor ich mir, dass ich mir nie wieder etwas von jemandem kaputt machen lassen würde. Nie wieder. Jahre später hagelte es natürlich immer wieder ein „Nein" von oberer Ebene. Mal bekam ich was ich wollte, ziemlich oft aber auch nicht. Ich war einfach nicht der Mensch, der mit Ellbogen durchs Leben ging – das bin ich heute übrigens auch noch nicht. Eines ging mir aber nie verloren: die Zielstrebigkeit, das Durchhaltevermögen und die Hoffnung, dass ich irgendwann alles bekommen würde, wenn ich nur dabei bliebe.

Heute, 15 Jahre später, hat sich meine Einstellung kein Stück geändert. Mein Leben wurde geprägt von Up`s and Down`s, von Kritikern, von Miesmachern und auch von Konkurrenten, die einem das Leben zur Hölle machen konnten. Von schlecht gelaunten Chefs, von Neid geprägten Arbeitskollegen und von Freunden, die nur dann deine Freunde waren, wenn du nicht mehr als sie selbst erreicht hattest. Im Gegenzug dazu, gab es aber auch Menschen, die ich wie die Luft zum Atmen brauchte. Menschen, die bedingungslos an mich glaubten. Menschen, die meine Mätzchen zwar nicht immer verstanden, die aber trotz allem immer mein Rückhalt waren. Sie standen parat, wenn ich mein Leben mal wieder auf den Kopf stellte. Sie waren da. Immer. Und ich weiss sie sehr zu schätzen. Danke an dieser Stelle nochmals. Ihr seid einfach Gold wert.

Ich schreibe für dich dieses Buch, weil ich gelernt habe. Weil ich gelernt habe, dass Logik nichts mit dem Herzen zu tun hat und so abgedroschen es klingen mag, weil alles möglich ist, wenn du es nur willst und bereit dafür bist, deinen Allerwertesten in Schwung zu bringen. Ich schreibe für dich dieses Buch, weil ich der Überzeugung bin, dass jede Frau einen Sparringpartner und einen Cheerleader braucht, der sie in schlechten Zeiten motiviert und in guten Zeiten mit ihr feiert. Ich habe sie satt, diese One-Man-Shows, in denen sich jeder nur als Konkurrent ansieht, wobei man doch so viel von einander lernen könnte; obwohl und gerade weil man sich fremd ist. Ich schreibe für dich dieses Buch, weil ich es einfach nicht verstehe, warum es produktiver sein soll, sich mit seiner Idee des Geldes wegen zu isolieren und von der Welt abzuschotten, wobei man doch erst auf den richtigen Weg kommt, wenn man den Menschen zuhört und ihnen das gibt, was sie suchen, ihnen hilft, wenn sie nicht weiter wissen. Ich habe chaotische Jahre hinter mir. Oft habe ich Dinge erreicht, die ich mir vorgenommen habe. Manchmal hat es länger gedauert, manchmal musste ich ganz schöne Umwege gehen und manchmal schien es am Anfang unmöglich. Das einzige, was mir immer geholfen hatte, war von Erfahrungen von Menschen zu lesen, die durch dieselben grossen Baustellen gegangen sind wie ich und sich dazu entschieden haben, ihren Weg mit der breiten Masse zu teilen. Ich schreibe dieses Buch also für dich, weil ich mir wünsche, dass du ein Leben führst, das du verdienst. Eines, dass dir jeden Morgen Schmetterlinge im Bauch bereitet.

Warum du dieses Buch lesen solltest

Sich selbst in den Hintern zu treten ist oft nicht leicht. Es ist schwierig, den Anfang in allem zu finden. Als ich die ersten Schritte in die Selbstverwirklichung ging, war ich so etwas von überfordert, das kannst du dir nicht vorstellen. Tausende Fragen, tausende To-Do`s und tausende Dinge, von denen ich schlicht und einfach keine Ahnung hatte. Ich hätte mir gewünscht, ich hätte einen Masterplan gehabt. Im besten Falle eine Checkliste, die ich einfach nur abarbeiten musste. Oder besser noch, jemanden, der das alles für mich aufsetzte und mir fix-fertig übergeben konnte. Das Problem war nur folgendes:

Ich wusste ja nicht mal, was ich eigentlich wollte!

Zudem hatte ich absolut keine Ahnung von Technik und ein geborenes Verkaufstalent bin ich auch nicht. Ich wusste lediglich, ich wollte unabhängig, frei, selbstbewusst und sicher sein. Zudem wollte ich mit all dem auch noch meinen Lebensunterhalt verdienen. Aber womit? Was sollte mein Produkt und was sollte meine Dienstleistung sein? Wen wollte ich eigentlich für meine Services begeistern? Immer wenn ich eine tolle Idee hatte und im Internet nach mehr Informationen recherchierte, war ich frustriert, weil es tausende Menschen gab, die Plus-Minus die gleiche Idee hatten. Das war so deprimierend. Ich wollte einzigartig und perfekt sein; sozusagen das Rad neu erfinden. Ich fand aber mein Alleinstellungsmerkmal nicht. Wie konnte ich mein Publikum begeistern ohne mich in eine Schublade stecken zu lassen in der ich mich nicht wohl fühlte? Wie konnte ich meine Leidenschaft perfekt in Szene setzen? Was war eigentlich meine Leidenschaft? Und hatte sie das Potenzial dazu? Es brauchte Unmengen an Zeit um meine Findungsphase zu überstehen und um zu wissen, wer ich war, wer ich sein wollte und wie ich in dem Haifischbecken überleben konnte.

Ich schreibe für dich dieses Buch, weil ich weiß, wie schwierig aller Anfang ist und weil ich auch weiß, dass es manchmal so wirkt, als wäre alles nicht zu bewältigen. Ich bin nicht hier um alles schön zu reden und dir das Blaue vom Himmel zu versprechen, Lobeslieder auf funktionierende Methoden zu singen und um dir mitzuteilen, dass es den einzig wahren Weg gibt – den gibt es nämlich nicht. Ich werde dich nicht von einem Patentrezept überzeugen, denn ich gestehe, das habe ich nicht. Was ich aber tun werde, ist dir zu zeigen, dass selbst negative Zeiten, die ganz sicher auf dich zukommen werden, dich trotzdem und erstrecht zu dem führen werden, was du vor Augen hast. Ich werde dir zeigen, dass du selbst der Schöpfer deines Masterplans bist und es keine Rolle spielt, ob es deine Idee schon hundertfach gibt oder ob du der Vorreiter und Trendsetter wirst, solange du es mit Herz und Authentizität tust. Mache eine Idee zu deiner Idee, werde kreativ und versetze dich in die Seele deines Publikums. Ich zeige dir, wie du alle Faktoren wie Geld, erstmal links liegen lassen kannst und wie andere bekannte und hochgelobte Menschen, es ebenfalls geschafft haben, aus einem grossen Nichts ein noch grösseres Etwas zu machen.

All diese Dinge, die ich erlebt habe und die Wege, die ich gegangen bin, stehen ausserhalb der Garantie, dass sie ein zweites Mal funktionieren. Sie sollen dir aber als Inspiration dienen und dir zeigen, dass das richtige Mindset alles ist, was du brauchst – die guten wie die schlechten Seiten. Ich möchte diejenige sein, die dir Mut zuspricht. Du weisst schon, so wie ich nach meiner Kündigung nach der Bestätigung für meine Entscheidung suchte.

Ich schreibe für dich dieses Buch, weil ich bin wie du! Weil ich ein Mensch bin, der noch Träume hat. Und weil ich es mir nicht erlaube, diese in der Ecke verstauben zu lassen. Um keinen Preis. Und das solltest du auch nicht.

Was ist in diesem Buch und wie wende ich es an?

Ich wette, alles was du derzeit an Lebensplanung vor dir siehst, ähnelt einem grossen verwirrenden Labyrinth mit endlosen Behördengängen, unüberwindbaren Hürden, einschüchternder Konkurrenz und einem nicht enden wollenden Marathon voller Höhen und Tiefen. Ich wette auch, dass du dir nicht nur einmal die Frage gestellt hast, warum du dir das überhaupt alles antun solltest. Es ist doch alles gut, so wie es ist, oder nicht? Du hast einen festen Job, hast vielleicht einen liebevollen Partner, der für dich alles stehen und liegen lassen würde, Freunde und Familie die Gold wert sind und in den Urlaub kannst du womöglich auch mindestens einmal im Jahr.

Ja, vielleicht... Jetzt kommt aber das grosse ABER!

Wenn du Interesse für dieses Buch gezeigt hast, vermute ich, dass eben nicht alles so perfekt ist, wie es scheint. Du weisst schon, die Fassade hinter dem, was an die Öffentlichkeit kommt. Bei all den Pluspunkten, die dein Leben derzeit ausmachen, vergisst du bestimmt immer wieder eines: DICH!

Es ist nicht meine Aufgabe über dein Leben zu richten und dieses Recht würde ich mir auch nie herausnehmen, aber wann hast du das letzte mal wirklich an DICH gedacht? Wann hast du dich das letzte mal dafür eingesetzt, etwas zu tun, dass DICH glücklich macht? Etwas, dass sich komplett nach DEINEN Bedürfnissen richtet? Wann hast du das letzte mal darüber nachgedacht, ob DU wirklich glücklich bist, mit dem was du hast, was du tust und was du täglich leistest? Wann hast du das letzte mal aufrichtige Wertschätzung erfahren und wann warst DU das letzte mal so richtig stolz auf dich?

Schon lange her? Dachte ich es mir doch.

Kurz bevor ich 2011 für acht Monate in die USA ging um mir dort meinen Traum vom Auslandspraktikum zu erfüllen, hatte ich ein einschneidendes Erlebnis, dass mir ordentlich Stoff bezüglich meiner Einstellung zum ewig währenden Glück gab. Ich war 21 Jahre alt, gerade mit meiner Ausbildung zur Groß- und Außenhandelskauffrau fertig und arbeitete in der Nachrichtenredaktion eines lokalen Radiosenders. Ich hatte einen Freund, toller Typ, er war acht Jahre älter als ich, stand mit beiden Beinen voll im Leben und wir verstanden uns echt super. Die Zeit während ich in München zur Lehre war, verbrachten wir in einer 300 km - Fernbeziehung und sahen uns nur an den Wochenenden. Das machte uns aber nichts aus, denn wir wussten ja beide, dass es nur ein vorübergehender Umstand war und ich zurückkommen würde, sobald ich meinen Abschluss in der Tasche hätte. Dem war auch so. Ich zog bei ihm ein und wir schmiedeten Pläne über uns und unsere Zukunft. Wir wollten zuerst einmal gemeinsam in den Urlaub fahren und unser Leben genießen, dass war das erste grosse Ziel. Mehr hatten wir noch nicht im Kopf – ich war ja erst 21. Wir redeten viel, philosophierten und phantasierten über die Dinge, die uns die Zukunft wohl noch bringen würde. Ich machte auch nie ein Geheimnis daraus, dass ich einmal in meinem Leben für längere Zeit in den USA leben wollte. Er fand das cool und witzelte noch darüber, dass ich dann als heisse Cheerleaderin zurückkommen würde. Jedenfalls war der tolle Typ irgendwann nicht mehr so toll. Eines Tages erhielt ich nämlich einen Anruf von einer der Firmen, bei denen ich mich für ein Auslandspraktikum in Amerika beworben hatte. Ich konnte es nicht fassen, ich wurde tatsächlich zum Vorstellungsgespräch eingeladen. Ich war unhaltbar glücklich und nervös als ich ihn anrief um ihm von den tollen Neuigkeiten zu erzählen. Seine Reaktion war aber entgegen meiner Erwartung sehr unterkühlt und zeugte schon fast mehr von Desinteresse, als von Freude über diese tolle Chance, die sich für mich auftun sollte. Ich machte mir nichts weiter daraus und vermutete, dass ich einfach einen schlechten Zeitpunkt für meine frohe Botschaft erwischt hatte. Ich sollte aber noch früh genug eines besseren belehrt werden. Ich hatte ziemlich genau eine Woche Zeit, mich auf das Gespräch vorzubereiten. Ich wollte mein Schulenglisch auf Vordermann bringen (so gut das eben innerhalb einer Woche machbar war), ein schickes neues Outfit zulegen und alles über dieses Unternehmen erfahren, was ich wissen musste. Ich wollte glänzen, in jeder Hinsicht. Noch nie war mir ein Vorstellungsgespräch so wichtig wie dieses. Endlich sollte ich die Chance bekommen, mir einen grossen Traum zu erfüllen und das wollte ich um keinen Preis dem Schicksal überlassen.

Die folgende Woche verbrachte ich wie in Trance. Ich träumte vom Gespräch, von deren Fragen und von meinen Antworten. Ich tagträumte mich schon nach Detroit, sah mich selbst, wie ich mich mit den Amis amüsierte, diskutierte und tüftelte. Ich war in meinem Element. Die Stimmung meines Partners hingegen, wurde einfach nicht besser, selbst Tage später nicht. Skepsis und Schweigen war alles, was ich erwarten konnte, wenn ich dieses Thema anschnitt. Es verletzte mich, war er doch derjenige, der mir über die letzten Jahre hundertprozentige Unterstützung und mentalen Rückhalt zusicherte sollte ich diese Chance bekommen. Am Tag der Entscheidung stand ich dann vor ihm, aufgebretzelt und bestens vorbereitet. Ich fragte ihn „Und, wie sehe ich aus?". Er schenkte mir lediglich ein leichtes Nicken, gab mir einen Kuss auf die Wange und wünschte mir „Viel Glück!". Ich begriff es einfach nicht. Wie konnte er mir etwas, dass mir so wichtig war, nur so vermiesen? Wieso konnte er sich nicht für mich freuen? Und wieso konnte er nicht die Unterstützung sein, die ich brauchte?

Circa zwei Stunden später saß ich auf der Vorzimmercouch des großen Besprechungssaals in dem süddeutschen Hauptsitz des Unternehmens und wartete darauf, dass man mich für das Interview abholte. Ich war nervös und ging im Kopf die Daten und Fakten durch, die ich auswendig gelernt hatte. Irgendwann kam ein stattlicher Mann mit grauen Haaren und schwarzer Brille auf mich zu. „Herzlich Willkommen! Wir haben heute das Vergnügen miteinander", er lächelte mich an und bat mich in den Besprechungsraum. Mit ihm kam eine zierliche junge Dame, sehr schick gekleidet und ihr strahlend weisses Lächeln verlieh ihr eine sympathische Ausstrahlung. Wir setzten uns. Der Herr stellte sich als Betriebsleiter der amerikanischen Niederlassung vor und erzählte mir, dass er gerade aufgrund verschiedener Termine passender Weise in Deutschland war, weshalb das Gespräch auch hier stattfinden würde und nicht über Skype. Mit seiner lockeren und äußerst sympathischen Art, nahm er mir innerhalb der ersten fünf Minuten die Anspannung und wir unterhielten uns über meine Absichten des Praktikums, warum die USA für mich so anziehend war und was die Firma mir, im Falle einer Zusage, bieten könne. Was soll ich sagen, ich war einfach nur begeistert. Ein eigenes Apartment, wöchentliches „Taschengeld", einen eigenen Firmenwagen zwecks Mobilität, den ich auch zu Privatzwecken nutzen konnte; ein Praktikum als Projektleitung eines internen Entwicklungsprojektes und die Mitarbeit im Sales und Marketing – all das im

Land meiner Träume. Es hörte sich nach der ultimativen Chance an. Und tatsächlich, ich rockte das Ding. Ich hatte zwar noch keine sichere Zusage, aber ich hatte so viele Schmetterlinge im Bauch, wie noch nie zuvor. Als ich nach Hause kam, rief ich zuerst meine Mutter an. Ich musste mich nun mit jemanden unterhalten, der sich für mich freuen konnte und der wusste, wie wichtig das für mich war. Leider konnte ich das von meinem Freund zu derzeit ja nicht erwarten.

Ein paar Tage später bekam ich die frohe Botschaft: Ich wurde genommen! Ich war gerade in der Stadt unterwegs, als mich die zierliche Lady von dem Termin anrief und mir sagte, dass ich meine Koffer packen dürfe, wenn ich noch Interesse hätte. Ich jubelte, ich schrie, ich fing an zu weinen und ich stand inmitten von fremden Leuten, die wahrscheinlich allesamt dachten, ich hätte nicht mehr alle Latten am Zaun. Ich hatte es tatsächlich geschafft – In drei Monaten und 23 Tagen (das weiss ich noch, als wäre es gestern gewesen) sollte ich meinen Traum erfüllen und für acht Monate meine Zelte in der Nähe von Detroit aufschlagen. Ich wusste nicht, wohin mit meinen Emotionen, zumal ich keine Ahnung hatte, wie ich es meinem Freund beibringen sollte. Ich wusste mittlerweile, dass es ihm gar nicht recht war und dass ich mit dieser Entscheidung die Beziehung aufs Spiel setzen würde. Doch was sollte ich machen? Es war mein grösster Traum und ich war bereit dafür alles stehen und liegen zu lassen – schon seit Jahren!

Kennst du das Gefühl, wenn dir etwas so wichtig ist, dass du in dieser Sache (noch) keine Kompromisse eingehen möchtest? Wenn es dir egal ist, was andere Leute darüber denken und du weisst, dass es der größte Fehler deines Lebens wäre, wenn du diese Chance nicht ergreifen würdest? So fühlte ich mich. Vielleicht war ich arrogant, selbstsüchtig und vielleicht hatte ich in diesem Moment auch nur an mich selbst gedacht, aber diesmal gestand ich es mir einfach zu. Wie du dir sicherlich vorstellen kannst, war die Aussprache ein Horrorszenario. Wir stritten uns und plötzlich war nicht mehr viel von dem unterstützenden, rückenstärkenden Partner in ihm zu sehen. Er wurde gemein und verletzend, warf mir vor, dass mir unsere Beziehung absolut egal wäre und er wagte es tatsächlich, mich vor die Wahl zu stellen. Ich meine, was fiel ihm ein? Dachte er ernsthaft, dass sich mein Leben nur noch um ihn drehen würde? Ich war 21 und ich hatte noch große Pläne für mein Leben – die ich ihm zudem nie verschwiegen hatte! Es stellte sich heraus, dass vieles von seinem Zuspruch in den letzten Jahren nur dumme Floskeln waren. Er sagte all diese Dinge nur um mich bei Laune zu halten und er hätte mir instinktiv nie zugetraut, dass ich tatsächlich eines Tages mit dem Flugticket winken würde. Er sagte, er würde nicht auf mich warten und ich müsse mich entscheiden: zwischen dem Trip, der für mich alles bedeutete und ihm, dem meine Sehnsüchte und Bedürfnisse überhaupt nichts bedeuteten. Das mir die Entscheidung relativ einfach fiel, brauche ich an dieser Stelle wohl nicht zu erwähnen.

Es ist hart, festzustellen, dass man entgegen aller Erwartungen mit seinen Plänen allein dasteht, besonders wenn diese für einen selbst die Welt bedeuten. Und es tut unwahrscheinlich weh, wenn du merkst, dass diejenigen Personen, die für dich alles bedeuten, nicht mehr viel für dich übrig haben, wenn du dich tatsächlich weiterentwickelst. Das Leben ist einfach nicht dafür gemacht, auf der Stelle zu stehen. Menschen, die du liebst, werden dich höchstwahrscheinlich nicht für immer begleiten und du wirst Abstriche machen müssen, auch wenn es weh tut. Auch wenn sich vieles plötzlich verändert und nichts mehr so ist, wie es früher einmal war, wirst du dir immer und immer wieder ins Gedächtnis rücken müssen, wofür und für wen du das alles tust. Und hier sollte die Antwort immer „FÜR MICH" sein. Spätestens dann, wenn sie dich vor die Wahl stellen, solltest du dein Bauchgefühl entscheiden lassen. All diese Personen, die sich unverschämter Weise das Recht herausnehmen, über deine Zukunft und die Erfüllung deines Traumes zu richten, sollten es nicht wert sein, weiter an deinem Leben teilhaben zu dürfen, denn damit respektieren sie dich und deine Bedürfnisse nicht. Auch wenn sie deinen Traum nicht nachvollziehen können, das Konzept nicht verstehen oder es nie etwas wäre, dass sie selbst tun würden: Menschen die dich lieben, würden dir einfach nie ein Ultimatum setzen! Sie würden dich und deine Entscheidungen akzeptieren und dich das Leben deiner Träume leben lassen. Meine Reise in die USA hat mir eine komplette Neuausrichtung in meinem Leben gegeben. Nicht nur, dass ich mich von Menschen gelöst habe, die mich mehr blockiert und missverstanden, als dass sie mich unterstützt haben, ich habe auch den Startschuss für eine Persönlichkeitsentwicklung gesetzt, die ohne diese Ereignisse wohl nie passiert wäre. Ich habe mich von meinem damaligen Freund nach vier Jahren Beziehung getrennt, aber dafür auch ein Abenteuer erlebt, dass ich bis heute nicht vergessen kann. Ein Abenteuer, dass auf einer der besten Entscheidungen basiert, die ich für mich und mein Leben je treffen konnte.

Zukunftsängste, Versagensängste und die Angst, altes und vertrautes loszulassen, werden dir immer wieder über den Weg laufen und dich blockieren, wenn du nicht lernst für dich einzustehen. Und das ist ebenfalls ein Grund, warum du dieses Buch lesen solltest. Solche Momente sind tragisch, sie tun in der Seele weh, aber sie lassen dich auch reifen. Es gibt immer einen Morgen danach und es ist enorm wichtig, deinen eigenen Weg zu finden. Mit diesem Buch zeige ich dir, dass alles nur halb so schlimm ist wie es aussieht und dass dein Sicherheitsdenken dich nur mehr als nötig blockiert. Ich zeige dir, warum deine Persönlichkeit der Schlüssel zum Erfolg ist und die Angst vor dem Versagen nur ein dämlicher Störfaktor. Denn du kannst nicht verlieren! Du wirst eher an Erfahrung und Reife gewinnen. Des Weiteren zeige ich dir, warum ein geiles Produkt zwar wichtig, aber erstmal zweitrangig ist. Dein Mindset muss zu aller Anfang erst richtig gepolt werden, damit all das, was hinter deiner Vision steckt auch Früchte tragen kann. Du wirst niemals erfolgreich ein Produkt entwickeln und an den Mann bringen können, wenn du mental noch nicht bereit dafür bist. Ich zeige dir, wie du dank kleinerer Erfolgserlebnisse deinen Motivationsmotor auf Hochtouren bringst und wie du dich zu ungeahnten Hochformen pushst. Du findest in diesem Buch ebenfalls Antworten rund um dein soziales Umfeld, dass für deinen Erfolg elementar wichtig sein wird, dem Stellenwert deiner Finanzen, alles Wichtige über deinen neuen Weg als Karrierefrau mit Selbstbestimmung und wie du mit Selbstvertrauen dein eigenes Business schon in kürzester Zeit rocken kannst. Kurz gesagt, ich beantworte dir alle Fragen, auf die ich gerne eine Antwort gehabt hätte. Und ich beantworte sie aufgrund authentischer Beurteilung aus Sicht einer Frau, die das alles schon selbst durchlebt hat. Wenn du also mehr von deinem Leben erwartest, wenn du deine Bedürfnisse ernst nimmst und wenn du von Selbstverwirklichung und deinem eigenen Business träumst, dann solltest du dieses Buch unbedingt lesen. Wenn du viel mehr zu bieten hast, als du momentan fähig bist zu geben, bist du hier ebenfalls richtig. Also, hol dein eingestaubtes Ego und deinen verhedderten Traumfänger aus der Schublade unten links und lass uns dein Leben rocken.

Gemeinsam. Straight from a womens heart.

Kapitel 1:
Nur wer weiss, was er will, hat eine reale Chance

    Wenn jemand so unglücklich ist, dass er sich ein anderes Leben wünscht, ist das nicht eine Phase die für zwei Stunden am Tag auftaucht und dann wieder verschwindet. Unzufriedenheit basiert auf Phasen und Lebensumständen, die sich über mehrere Monate oder Jahre ziehen und sich schnell zu Depressionen entwickeln können. Die Folgen sind nicht selten verheerend. Ich sage damit nicht, dass unzufriedene Menschen dem Suizid nahe liegen, sondern eher, dass der Gemütszustand sich nicht ändern wird, bevor sie sich nicht selbst ein schöneres Leben zugestehen, so einfach ist das. Es wird sich nichts ändern, bevor sie sich und ihre Sichtweisen auf bestimmte Dinge nicht ändern. Es wird sich auch nichts ändern, bevor sie nicht erkennen, dass glücklich sein nichts mit tatsächlichem Glück zu tun hat, sondern mit einer Entscheidung. Einer Entscheidung, die sie für sich und ihr Leben treffen müssen. Das ist wie bei jemandem, der mit dem Rauchen aufhören möchte. Alle äußeren Einwirkungen von Menschen und Situationen werden nichts bringen, wenn diese eine Person nicht selbst die Disziplin für Veränderungen aufbringt.

Diese Unzufriedenheit kommt aber nicht von ungefähr. Unzufriedenheit ist ein Endresultat aus vielen Dingen, die im Leben einfach nicht in geraden Bahnen laufen. Was viele aber falsch einordnen ist, schwierige Zeiten fliegen einem nicht nach dem Lotterie-Zufallsprinzip zu. Sie suchen sich auch nicht täglich einen neuen Auserwählten, dem sie heute mal die Arschkarte im Spiel des Lebens zuschieben können. Schwirige Zeiten sind ein Endprodukt aus den Entscheidungen die man tagtäglich für sein Leben trifft – oder die andere für einen treffen, wenn man es selbst nicht tut. Zusammengefasst kann man also sagen, dass die Unzufriedenheit aus den Entscheidungen resultiert, die du für dein Leben getroffen oder eben nicht getroffen hast. Das Leben ist keine Gameshow und es gibt auch keine Auslosung der täglichen Arschlochkarten. Wer sich aber zurücklehnt und sich darauf verlässt, dass das Leben es schon gut mit ihm meinen wird, der wird sich darauf gefasst machen müssen, dass andere für einen das Ruder des Lebens in die Hand nehmen und Entscheidungen für einen treffen, die einem womöglich nicht so gut gefallen werden. Die Konsequenzen darf am aber dann trotzdem noch selbst ausbaden. In diesem Falle kann man dann von dem Tagesgewinn der Arschlochkarte sprechen.

Ich lese täglich ja wirklich viel. Ich verbringe mehrere Stunden auf diversen Social Media Plattformen, interessanten Webseiten oder den Blogs von inspirierenden Persönlichkeiten. Was mir dabei immer wieder auffällt, sind die Rückmeldungen der Menschen, die fast schon verzweifelte Hilferufe aussenden. Wenn man das so liesst, könnte man manchmal fast meinen, dass diese armen Personen vom Leben so geläutert worden sind, dass sie niemals mehr eine Chance auf wahres Glück widerfahren werden. Sicher, nicht jeder hat das Glück in eine intakte Familie geboren oder in stabilen Familienverhältnissen aufgewachsen zu sein, aber mal ganz ehrlich gefragt: ist das wirklich ein Freifahrtschein für alles oder ein Grund es nicht besser machen zu können? Ich meine, jeder Mensch hat doch jederzeit die Möglichkeit einen Schnitt unter die Dinge zu machen, die einem nicht so gut gefallen. Und selbst wenn diese Dinge nicht in der eigenen Hand liegen, liegt es immer noch an einem selbst wie man mit diesen Situationen umgeht. Jeder Mensch hat das Recht auf einen Neuanfang und es besser als diejenigen zu machen, die es vorher verbockt haben, oder nicht? Wenn ich höre oder lese „Ich hasse mein Leben, weil einfach nichts funktioniert", dann denke ich mir manchmal: Ja, weil du anstatt etwas dagegen zu tun, dich in Selbstmitleid suhlst. Du hasst dein Leben, weil du nichts dagegen tust. Anstatt sich also die Frage zu stellen, warum man beispielsweise jeden Monat so wenig Geld auf dem Konto hat oder einfach keinen Job bekommt, sollte man sich eher fragen, was man denn tun muss um diese Dinge zu erreichen. Es ist alles eine Sache der Perspektive.

WARUM ES SO WICHTIG IST SICH SELBST ZU VERWIRKLICHEN

Ich kann mich nicht mehr genau an den Tag erinnern, an dem sich meine Lebenseinstellung von Mitläufer zum Einzelgänger gedreht hat. Ich kann mich aber noch sehr genau an das Gefühl erinnern, als mir das erste Mal so richtig bewusst wurde, was da gerade passiert war. Es war eine wahnsinnige Mischung aus purem Adrenalin, Glückshormonen und einer Art Schockstarre, die mich für einen Moment absolut ausser Gefecht gesetzt hatte. Ich saß im Flugzeug Richtung Detroit und starrte aus dem Fenster. Ich klammerte mich regelrecht an meinen Reisepass und den Glücksbringer, den mir meine Mutter mitgegeben hatte. „Wir sind so stolz auf dich! Lass dich dort drüben nicht unterkriegen!", waren die letzten Worte meiner Eltern, bevor ich durch die Sicherheitsschleuse ging. Diesen Moment werde ich nie vergessen. Ich wollte es mir nicht anmerken lassen, aber ich hatte ganz schön die Hosen voll. Als ich so allein im Flugzeug saß und aus dem Fenster schaute, wurde mir erstmals richtig bewusst, was ich mir da eingebrockt hatte. Tränen flossen vor Freude und ich war einfach nur überwältigt. Es war eine Mischung aus Angst und Aufregung. Ich wollte unbedingt dieses Auslandspraktikum machen. Ich wusste, ich würde es nie bereuen. Nun sollte es das erste Mal darum gehen, was ich wollte und nicht darum, es irgendjemandem recht zu machen. Es war eine Summe aus Situationen in der Vergangenheit, die mir gezeigt hatte, dass ich niemandem auf dieser Welt etwas beweisen musste – außer mir selbst. Ich wollte es mir selbst beweisen. Ich wollte mir beweisen, dass ich es besser kann, als all die, die nur über ihre Träume sprachen. Ich wusste, ich konnte es besser als all jene, die meine Träume und Ziele schlecht geredet oder als absolut überzogen bezeichnet hatten.

Millionen von Menschen fühlen sich tagtäglich in derselben Lage. Sie wachen jeden Morgen auf und gehen griesgrämig zur Arbeit weil die Gesellschaft verlangt, dass man für seinen Lebensunterhalt arbeiten muss. Nicht, dass daran etwas verkehrt wäre, aber wenn man diesen Sitten schon Folge leisten muss, warum sollte man dann nicht das tun können, was man liebt? Wir alle wissen, was es heisst, in einem miserablen Job zu arbeiten. Jeder von uns hatte schon das Bedrängnis, etwas zu tun, das man gehasst hat. Lass es das Babysitting in den Jugendjahren oder der Studentenjob in einer heruntergekommenen Spülküche sein, alles für einen Hungerlohn. Oder aber auch die Anstellung in einem großen Konzern, von mir aus auch in der Managerebene, in der man an schlechten Tagen wie ein Stück Vieh durch die Gänge getrieben wurde und seine eigene Meinung an der Pforte abgeben musste. So what – we've been there! Doch es geht auch anders: Jeder ist seines Glückes Schmied, wie meine Oma mir einst sagte. Und sie hatte recht. Ich verrate dir nun ein paar Gründe, warum Selbstverwirklichung dein Leben nicht nur auf den Kopf stellen wird, sondern auch, warum du nur davon profitieren kannst.

Niemand kennt deine Träume, Wünsche und Bedürfnisse besser als du selbst!

Es spielt keine Rolle, womit, wie viel oder in welcher Branche du dein Geld verdienst. Die einen finden ihre Erfüllung in Gesetzesbüchern, die anderen in ehrenamtlicher Tätigkeit in Namibia. Die einen sind nur glücklich mit einem sechsstelligen Betrag auf ihrem Konto, die anderen sind als Aussteiger in den Bergen am glücklichsten, ohne Geld, ohne materiellen Luxus, nur mit der Natur vereint. Auch wenn viele Menschen um dich herum meinen, sie wüssten am Besten was gut für dich ist; du weisst noch immer am Besten, was dich glücklich macht.

Du erlebst Momente, die mit Geld nicht bezahlbar sind

Wie ich dir soeben erzählt habe, hatte ich diesen einen Moment in dem Flugzeug, der mich voll aus dem Konzept gebracht hatte. In den folgenden Monaten und Jahren folgten noch einige mehr, die ich wohl nie erlebt hätte, wenn ich nicht mein Arsch hochgekriegt, diszipliniert an den Bewerbungen drangeblieben und meinem damaligen Partner nicht den Laufpass gegeben hätte. Menschen, die ihren Träumen eine reale Chance auf Verwirklichung geben, erleben Momente, die sie sich nicht im Ansatz hätten vorstellen können. Nehmen wir als Beispiel einen Abenteurer, der noch ziemlich in den Anfängen steckt. Er verzichtet bewusst auf das grosse Geld, ist als Backpacker unterwegs, aber er ist stolz, weil er seinen Traum lebt und die Welt sieht. Er schläft in heruntergekommenen Hostels, duscht wahrscheinlich nur alle paar Tage und reist von Ziel zu Ziel mit den schäbigsten Verkehrsmitteln, weil er auf sein Budget achten muss. Das nimmt er aber gerne in Kauf, weil er in Momenten lebt, die kein Geld der Welt ersetzen könnten. Bescheidenheit ermöglicht einem Dinge, die mit Geld nicht bezahlbar sind. Und dort, wo dieses Glücksgefühl herkommt, gibt es noch mehr, man muss sich einfach nur trauen.

Man sieht es dir an

Wenn du glücklich bist, wirkt es sich auf deine Körpersprache und dein Erscheinungsbild aus, denn glückliche Menschen sagen viel durch ihre Ausstrahlung aus. Dankbarkeit, Ausgeglichenheit und Wertschätzung treten in den Vordergrund und geben dir das Bedürfnis weiterzumachen. Man sieht dir dein Glück an und dein Umfeld wird es dir danken.

Deine Beziehung profitiert davon
Ich weiss, ich bin nicht unbedingt das grösste Vorbild um zu sagen, Selbstverwirklichung wird dir das Glück in deiner Beziehung bringen, aber trotz meiner Erfahrung steht tatsächlich folgende Frage im Raum: wer möchte nicht gerne seinen Partner oder seine Partnerin glücklich sehen? Viele (aber durchaus nicht alle) Frustrationen, die in Beziehungen so aufkommen, stammen aus dem Problem, dass sich Männlein und/oder Weiblein nicht verstanden fühlt. Während der eine Part in der Beziehung (meistens der Mann) sich selbst verwirklicht, sein Karriereleben rockt, vor Selbstbewusstsein nur so strotzt und sich Freiheiten herausnimmt, die ihn zum Überflieger in seinem Leben machen, schaut der andere Teil (meistens die Frau) ziemlich dumm aus der Wäsche und bleibt mit dem Gefühl zurück, ein Mensch zweiter Klasse zu sein. Sie fühlt sich häufig vernachlässigt und dazu verdammt, das ewige Anhängsel zu spielen. Umso wichtiger ist es ja, dass wir Frauen einmal kräftig auf den Tisch hauen, ein lautes „so nicht" hallen lassen und selbst dafür sorgen, dass unsere Bedürfnisse nach Anerkennung und Erfüllung auch wahrgenommen werden. Durch das positive Erscheinungsbild und das damit gewonnene Selbstbewusstsein, das wir damit vermitteln, wird auch die Beziehung wieder intensiver, es wird mehr gesprochen und jeder kreiert unabhängig voneinander sein eigenes kleines Imperium, neben dem Leben, dass man miteinander führt.

Sicherlich ist dies kein Garant für eine Never-Ending-Lovestory, aber du lernst, dass du deines eigenen Glückes Schmied bist, dass Dinge die du liebst, gehegt und gepflegt werden müssen und das gute Dinge nicht vom Himmel fallen. Dafür sind sie es jede Sekunde Wert. Bei mir hat das mit dem Verständnis des Partners zwar damals nicht so gut funktioniert, aber Ausnahmen bestätigen ja Gott sei Dank immer noch die Regel und mittlerweile sind ja auch schon ein paar Jährchen ins Land gegangen, wo mir Männer auch durchaus das Gegenteil bewiesen haben.

Du nimmst Herausforderungen gerne an

Wenn ein Mensch nicht gefordert wird, wird ihm schnell langweilig und Langeweile ist nicht gut fürs Geschäft. Mit einzelnen Erfolgserlebnissen hast du schnell Blut geleckt und mit neuen Herausforderungen stellst du dich selbst auf die Probe und tust etwas für dein Ego. Deine Aufgaben werden mit Erfolg umgesetzt werden und du wirst deinen Zielen Schritt für Schritt entgegenkommen. Und was könnte einen mehr motivieren, als der Ehrgeiz und der Stolz, etwas erreicht zu haben, mit den Dingen, die man liebt.

Es ist dir egal was andere denken

Dein ultimativer Traumjob ist nicht jedermanns Sache? Okay, aber das ist auch nicht wichtig, denn du – nur du allein – musst dich dabei wohlfühlen! Es spielt keine Rolle, ob deine Freunde einen Tausender mehr verdienen als du. Es spielt auch keine Rolle, ob du vielleicht nur einmal im Jahr daheim bist, weil du schon immer bei einer Reisernte in China mithelfen wolltest. Dein Traumjob ist dein Traumjob – und wenn er noch so skurril ist – who cares ?! Freu dich stattdessen auf die Gesichter auf dem Klassentreffen in 15 Jahren! Wenn deine Klassenkameraden von ihrem öden Job erzählen (wenn sie überhaupt einen haben) und du von den aufregendsten Jahren deines Lebens mit stolzer Brust berichten kannst.

Rock On!

Du bist in der glücklichen Lage, dass du dein Geld mit deiner Leidenschaft verdienst. Dies ist aber kein Grund die Füsse hochzulegen. Ein perfektes Leben besteht aus der perfekten Balance aus privaten und beruflichen Angelegenheiten. Während du also im Job gerade rockst, kannst du dich Schritt für Schritt anderen Bereichen in deinem Leben widmen, die gerade etwas Handlungsbedarf melden.

Du hast das Gefühl gebraucht zu werden (und du liebst es)

Auch wenn du nur eine One-Man-Show betreibst, heisst das nicht, dass du weniger Verantwortung hast. Deine Kunden lieben dich und deine Geschichten und warten nahezu darauf Neues von dir zu hören. Wenn du ein eigenes kleines Business betreibst, hast du eine Verantwortung gegenüber deinen Kunden, die deinen Service zu schätzen wissen und sich auf dich verlassen. Du willst auch dir und deiner Familie beweisen, dass du ein Gewinner bist und du es verdienst, so zu leben.

Es gibt immer Potenzial nach oben

Hast du schonmal überlegt, ob es eventuell noch andere Dinge gibt, die dich reizen würden? Wolltest du dich schon immer mal weiterbilden oder Kurse in komplett anderer Richtung belegen und hattest bisher noch nie die Gelegenheit genutzt? Jetzt hast du die Chance! Man lernt schliesslich nie aus und du kannst nur davon profitieren – privat wie beruflich!

Du bereust nichts

Stell dir vor dein Plan der Selbstverwirklichung geht auf und du triffst dich in zehn Jahren mit deinem jetzigen Ich zu Kaffee. Was wirst du ihm sagen? Wirst du dir für deinen Ehrgeiz, deine Ausdauer und den Glauben an dich bedanken oder wirst du dir sagen, wie stolz du auf dich bist, weil du entgegen aller negativen Stimmen, an dich und deine Idee geglaubt hast? In ein paar Jahren wirst du auf dein Meisterwerk zurückblicken und dich daran erinnern, wie du dich als Newcomer durchgebissen hast und du womöglich die einzige Person warst, die an dich und deine Idee geglaubt hat. Du hast dich für Dinge aufgeopfert, die du nun vielleicht anders tun würdest, aber das ist auch in Ordnung. Die ein oder anderen Momente werden dich zum schmunzeln bringen. Aber du wirst nichts bereuen, denn dies ist ein grosser Bestandteil deines Weges und der Teil, der dich erst dorthin gebracht hat, wo du jetzt bist.

HAND AUF'S HERZ – GIBST DU WIRKLICH ALLES?

Vor einiger Zeit habe ich neben meiner Vollzeitanstellung ein Fernstudium im Bereich Medienmanagement begonnen. Aus fester Überzeugung, mit dem Bachelor und dem anschliessenden Mastertitel irgendwann das grosse Geld absahnen zu können, war ich am Anfang wahnsinnig motiviert. Einmal in der Woche hatte ich online meine Vorlesung und einzelne Lernmodule, die ich in der ersten Zeit auch super während meinem Vollzeitjob meistern konnte. Mitten im zweiten Semester habe ich das Studium dann abgebrochen bzw. erstmal auf Eis gelegt. Meine anfängliche Euphorie und Überzeugung hielten nicht mehr stand und ich war mir nicht mehr sicher, ob dass das richtige für mich war. Und das obwohl ich mir Anfangs sicher war, ich hätte alles dafür gegeben, meinen Job, das Studium und mein Privatleben unter einen Hut zu bekommen. Heute frage ich mich, ob das wirklich so war. Ich meine, habe ich regelmässig die nötige Disziplin an den Tag gelegt, jeden Tag eine Stunde zu lernen? Wenn mich andere fragten: aber klar doch. Wenn ich ehrlich zu mir selbst war: nicht wirklich. Die erste Zeit hatte das alles noch super funktioniert, danach wurden die Abstände immer unregelmässiger. Vorlesungen wurden unter einem Vorwand, den ich mir selbst einredete, versäumt und ich hatte irgendwann auch keine Lust mehr zu lernen.

Manchmal muss ich mich in einem sechs-Augen Gespräch mit Engelchen und Teufelchen zu mehr Realismus ermahnen und mir eingestehen, dass ich noch nicht alles getan habe um meine Ziele zu erreichen. Damit meine ich nicht die mentale Stärke, die Bereitschaft zum Risiko oder das Selbstvertrauen, dass ich das alles allein bewerkstelligen kann. Ich sehe eher noch viel Arbeit an der organisatorischen Front und an der Lernkurve. Es gibt noch so viele Dinge zu tun.

Das ist heute auch noch so. Würde ich mir hin und wieder mal gehörig in den Hintern treten, wäre ich sicherlich schon viel weiter als ich es jetzt bin. Stattdessen lege ich mich manchmal abends deprimiert auf die Couch und versinke in Selbstmitleid, weil es mir alles viel zu lange dauert und ich wieder mit meiner Ungeduld zu kämpfen habe. Seit Monaten habe ich verschiedene Themenideen auf meinem iPad gespeichert, bereit um sie mal genauer zu betrachten und das Potenzial für ein neues Projekt ausfindig zu machen. Dieses Thema schiebe ich nun schon seit einiger Zeit hin und her. Gerade einmal eine grobe Struktur steht. Abgeschreckt von meiner To-Do Liste, die jeden Tag ins Unermessliche wächst, habe ich manchmal das Gefühl, dass immer mehr Dinge dazu kommen und die abgehakten Dinge einfach nicht aufwiegen. Ich streiche einen Punkt und füge drei hinzu, das ist echt frustrierend! Mittlerweile investiere ich mehrere Stunden täglich in mein Business und bin nur noch am schreiben, umsetzen, ausprobieren und testen. Es gibt Tage, da treibt mich mein Perfektionismus in den Wahnsinn und es gibt andere Tage, da arbeite ich mehr schwammig als wirklich produktiv.

Erst letztlich habe ich mit meinem Coach über das Gefühl des stockenden Hamsterrades gesprochen. Ihre Reaktion darauf war für mich niederschmetternd, aber ich liebe es, wenn sie mir den Spiegel vorhält und die Wahrheit einfach so vor den Latz knallt. Sie darf das. Sie sagte mir, dass alles von meiner Disziplin und meinen Aktionen abhängig ist. Und sie hatte ja so recht und eigentlich hätte ich ja da auch selbst darauf kommen können. Wie soll denn etwas vorankommen, wenn Dinge ständig aufgeschoben werden und ich sie nur halbherzig angehe? Es klingelt keiner an meiner Haustür und fragt, ob er mir behilflich sein kann – leider. Ich sollte draussen wohl besser eine Leuchtreklame anbringen. Ich weiss, es ist hart die Komfortzone zu verlassen. In der Hinsicht gibt es kein „Schauen wir mal". Wenn es für etwas gut sein soll, muss das Komplette her. Mut. Ausdauer. Disziplin. Risikobereitschaft. Trotz aller Angst zu versagen. Obwohl vielleicht einige Dinge auf einen zukommen werden, die ungemütlich erscheinen, wie zum Beispiel die brennenden Muskeln beim Sport, während du versuchst dir deinen Bikinibody zurückzuerobern, die Nachtschichten vor dem Laptop um deine eigene Webseite auf Vordermann zu bringen oder die Akquise der ersten Kunden, Partner oder Investoren. Es gab in meinem Leben bisher wirklich wenige Momente, in denen ich mich so stark für eine Sache begeistern konnte, dass ich alles dafür geopfert hätte. Im Moment lebe ich gerade inmitten so eines Projektes. Auch wenn ich manchmal etwas Disziplinschwankungen habe, weiss ich jedoch, warum ich es tue und dass mich nichts in der Welt von diesem Plan abbringen wird. Ich habe ein super Gefühl und ich bin überzeugt davon, dass das alles hinhauen wird. Jedoch habe ich es selbst in der Hand wie schnell ich vorankomme.

„THERE IS NOTHING WRONG WITH DREAMING BIG"

Jeder hat Träume. Jeder von uns wünscht sich Dinge, die auf den ersten Blick unglaublich gross und unerreichbar erscheinen. Aber dies sind auch Dinge, die nicht gleich verworfen werden sollten. Warum? Weil Träume die Sehnsüchte deiner Seele widerspiegeln. Was wäre, wenn dir dein Leben die Chance auf Erfüllung gibt? Was wäre, wenn die einzige Voraussetzung dafür wäre, dass du den ersten Schritt machen müsstest? Und was wäre, wenn du diesen einen Traum, der dir so viel bedeutet, umsetzen könntest? Eine der grossen Hemmschwellen vom Träumen hinüber zum ersten Schritt, ist, dass man sich häufig selbst nicht zugesteht, große Träume haben zu dürfen. Ich meine, wer träumt nicht gerne von Selbstverwirklichung, Abenteuern und unvergesslichen Momenten? Und wer träumt nicht gerne von einer Villa, von einem sorgenlosen finanziellen Status, von atemberaubenden Reisen, den schönsten Stränden und innerer Ausgeglichenheit? Zwei Drittel der Träumer bremsen sich selbst aus, indem sie was tun? Richtig. Nichts. Nur sehr wenige, trauen es sich, es einfach mal zu versuchen und den ersten Schritt zu gehen. Ein grosser Teil von diesen wiederum, gibt sich beim ersten Gegenwind geschlagen und fährt die Segel ein. Beim Rest davon fragen wir uns dann neidisch, wie sie das nur hinbekommen haben. Dabei ist es gar nicht so schwer, selbst auch größeres zu bewirken. Es gibt zwar kein Patentrezept für eine erfolgreiche Umsetzung, jedoch gibt es ein Mittel, dass dir garantiert, deinem eigenen Traum schon ein ganz grosses Stück näher zu kommen.

Anfangen.
Anfangen klingt wirklich leicht. Nehmen wir mal an du willst ein Buch schreiben, du setzt dich hin und schreibst darauf los, eine Seite nach der anderen. Wenn du Glück hast, bist du gerade mitten im kreativen Flow und die Worte sprudeln

nur so aus dir heraus. Nach und nach ergeben sich die Seiten und deine Gedanken formen sich zu der Geschichte, die du deinem Publikum erzählen willst. Das ist die Theorie, die Praxis ist da etwas komplexer.

Das Anfangen wird viel zu häufig unterschätzt, denn um den ersten Schritt seines Traumes anzugehen, braucht es ein grosses Maß an Mut, Begierde und Neugierde. Jeder denkt Bücher sind doch einfach zu schreiben. „Ist doch ein Klacks. In zwei Wochen bist du fertig oder? Kann ja nicht so schwer sein ein Buch zu schreiben wenn du die Idee im Kopf hast", das waren die Antworten, die ich zu hören bekommen habe. An sich stimmt das auch, aber was die meisten absolut falsch einschätzen, ist die Zeit, die man in ein Buch investieren muss. Ich lasse jetzt mal die Hosen herunter. Als ich dieses Buch geschrieben habe, hatte ich Phasen, wo ich übermässig motiviert war und es wirklich so war, dass die Gedanken einfach nur so in meine Finger flossen und sie zum tippen animierten. Doch das war nicht immer so. Ich habe phasenweise tagelang oder sogar mehrere Wochen mein Buch nicht angefasst und absolut nichts getan, weil mir einfach nicht nach „Buchschreiben" war. Und das nicht, weil ich die Begeisterung dafür verloren hatte, sondern weil sich ein Buch nun einfach nicht an einem Tag schreiben lässt. Du fängst an zu schreiben, machst pausen, vertrittst dir die Füße, machst dir einen Kaffee und setzt dich wieder hin. Nach ein paar Stunden gibst du auf, weil dein Hintern sich schon wundgesessen hat, deine Konzentration nachlässt, du müde wirst und ja auch noch mit dem Hund rausgehen musst. Ach ja, Essen, da war ja noch was. Dann kommt der Partner nach Hause und man möchte sich ja auch noch so etwas wie Privatleben gönnen. Das war es also für heute. Der nächste Tag ist voller Termine und außerdem musst du auch noch die Social Media Planung für den Blog erledigen, E-Mails und Kommentare beantworten und einen neuen Beitrag für den Blog mit allem drum und dran schreiben. Privatleben. Telefonate mit

Mama, die sich zum fünften mal in der Woche erkundigt, ob du auch was „gescheites" isst und der Partner inklusive Hund will auch noch etwas Aufmerksamkeit. Zwei Tage gehen ins Land bevor du dich wieder an den Laptop setzt und dich für die nächsten Stunden nur noch deinem Buch widmest. Wenn du dann wieder die Zeit findest um als Autorin loszulegen, ist das Lesen der zwei letzten zwei Seiten obligatorisch, um dich wieder in die Geschichte einzufinden. Wie du siehst, der Faktor Zeit macht es also gar nicht so einfach, mal eben ein Buch auf den Markt zu bringen. Und im Moment rede ich nur vom kreativen Prozess, von der Vermarktung ganz zu schweigen. Nicht immer ist anfangen also das grösste Problem, sondern auch das dabei bleiben. Wenn man es nicht schafft, sich selbst in den Hintern zu treten und sich um die Euphorie an dem Projekt bemüht, wird auch nicht viel passieren. Es wird kein Heinzelmännchen vorbeikommen und das Buch fertig schreiben.

Was passiert also, wenn dein Traum größere Ausmaße hat und nicht einfach mit einem Klick im Internet oder einer geschriebenen DIN A4 Seite zu erfüllen ist? Je früher du dir der Ausmaße der Umsetzung bewusst wirst, umso früher besteht das Risiko, dass du einknickst, weil es dir dann doch zu viel Aufwand bedeutet. Ich will nicht wissen, wie viele wertvolle Ideen täglich in die Tonne getreten werden, nur weil der Schöpfer „keinen Bock" auf den langwierigen Prozess hatte und anstatt dessen die Illusion der sofortigen Ergebnisse im Kopf hatte. Wenn du eine Idee im Kopf hast, die dein Herz zum strahlen bringt und du sie „koste es was es wolle" umsetzen möchtest, dann gehe sie auch erst dann an, wenn du dir sicher bist, dass dieses „koste es was es wolle" auch wirklich „koste es was es wolle" heisst. Das gilt auch, wenn du in den ersten Monaten von deiner Idee noch nicht wirklich Umsätze oder andere messbare Erfolge sehen kannst. Du muss für deinen Traum brennen. Du musst die Idee nicht nur lieben, sondern auch bereit sein, hinter ihr zu stehen, bis du sie auf das Level bringst, wo du sie sehen möchtest.

Was meinst du, warum so viele Menschen Angst vor Lebensveränderungen haben? Weil sie Angst haben, das der erste Schritt Zeitverschwendung, Verlust und Enttäuschung für sie bedeuten würde. Aus diesem Grund muss hinter deinem Traum auch wirklich volle Überzeugung stehen. Du musst es wirklich wollen und einen konkreten Plan haben. Wenn du diesen hast, gehe kleine Schritte und schau nicht auf die Uhr. Zeitdruck ist das letzte, was du in dieser Phase brauchen kannst. Wenn du länger brauchst, dann brauchst du eben länger. Your Business. Your Rules. Es hat niemand anderen zu interessieren, wie schnell du vorankommst. Wichtig ist nur, dass du dabei bleibst, auch wenn du nur kleinere Schritte gehst.

Notiere dir deine Vision und werde konkret

Die Vision ist keine Vision die du verfolgen kannst, wenn du nicht exakt weisst, wofür sie stehen soll, wofür du stehst, welche Werte du vertrittst, womit genau du Erfolge erzielen willst und am wichtigsten, wen genau du ansprechen möchtest. Wenn du dir also beispielsweise zum Ziel genommen hast, dich selbstständig zu machen, dann schnapp dir ein Blatt Papier und beantworte dir folgende Fragen:

- Warum willst du dich selbstständig machen?
- Welchen Lifestyle wünscht du dir für dein zukünftiges Leben? Wie, wo und mit wem möchtest du Leben?
- Wie viel Geld willst du in 6 Monaten, 12 Monaten, 3 Jahren und 5 Jahren verdienen?
- Was ist deine Businessidee? Versuche sie zwei Sätze zu packen
- Gibt es diese oder eine ähnliche Idee schon auf dem

- Markt? Wenn ja, wer sind die Top 5 der direkten Wettbewerber?
- Was hebt dich von diesen ab? Wo ist dein Alleinstellungsmerkmal? Warum sollte jemand dein Produkt kaufen und nicht das der Wettbewerber?
- Für welche Werte stehst du mit deinem Business ein?
- Wer ist deine Zielgruppe? Stelle dir eine Person vor, deinen idealen Kunden. Mann/Frau? Alter? Kinder? Haustiere? Wo lebt sie? Wie denkt sie? Wie fühlt sie? Und wo findest du sie? Was hat sie für ein spezifisches Problem und wie kannst du ihnen mit deiner Businessidee helfen? Gehe so tief ins Detail wie möglich.
- Ist deine Zielgruppe motiviert? Also sucht sie effektiv nach einer Lösung oder wäre es nur ganz nett, wenn es was in diesem Bereich gäbe?
- Wie sieht dein Zeitplan aus? Hast du schon einen konkreten Launchtermin für dein Business?
- Hast du schon Ideen für deinen Unternehmensnamen? Je früher du dem Baby einen Namen gibst, je eher wird ein Herzensprojekt aus deiner Idee. Du verleihst ihr damit einen Wert.
- Was musst du noch für den Aufbau deines Unternehmens lernen? In welchen Bereichen kennst du dich noch nicht so gut aus und wie willst du dir die Fähigkeiten aneignen?
- Was ist für dich Erfolg? Wann (unter welchen Umständen) siehst du dein Business als erfolgreich?
- Was ist deine grösste Sorge / deine grösste Herausforderung / dein grösstes Hindernis im Moment?

Es ist nicht verkehrt grosse Träume zu haben. Verkehrt ist aber, sie im tiefsten Inneren zu vergraben, sich selbst zu bemitleiden und sich ständig zu fragen, warum die Welt zu ungerecht ist.

WIE DU DEINE LEIDENSCHAFT FINDEST UND WARUM SIE SO WICHTIG IST

Jeder Mensch, der nach besserem strebt, hat eine grobe oder sogar genaue Vorstellung von dem „Besseren". Das „Bessere" ist hierbei meist mit dem Idealzustand gleichgesetzt. Und hier kommt deine Leidenschaft ins Spiel. Wenn du schon dein Leben ändern möchtest, dann willst du ja sicherlich auch jeden Tag mit den Dingen füllen, die dich glücklich und sorgenfrei erscheinen lassen, oder nicht? Elizabeth Gilbert hat in ihrem Buch „Big Magic" eine äußerst spezielle Sicht auf Leidenschaften geschildert. Eine Leidenschaft allein wäre nicht die einzige Zutat, die du auf dem Weg zum Erfolg brauchen würdest und sie wäre, allein angewandt, wohl auch ein Faktor, der dich schneller blockieren kann, als dir lieb ist. Warum? Nun ja, allein mit Leidenschaften zu arbeiten würde dich manchmal davor bewahren, neue Wege zu gehen oder neue Dinge auszuprobieren. Sicherlich sei sie ein wichtiger Bestandteil um mit einer gewissen Euphorie und Liebe zum Detail an einem Projekt dranzubleiben, jedoch sei sie kein Erfolgsgarant, wenn du sie nicht mit einer großen Portion Neugier kreuzen würdest. Manchmal halten dich Leidenschaften davor zurück, die Perspektiven zu wechseln, weil sie dir das Gefühl geben, du würdest dann dein Expertenterrain verlassen. Und je mehr ein Mensch seine Expertise in den Hintergrund stellt, um so unsicherer fühlt er sich bei der Umsetzung. Neugierde hingegen sorgt für die Glückshormone und für ein aufregendes Gefühl, wenn du neue Dinge ausprobierst.

Eine Leidenschaft zu haben, ist einfach. Sie zu finden könnte unter Umständen etwas zeitintensiver werden. Du wärest nicht die erste, die nicht weiss, was ihre Leidenschaft überhaupt ist. Viele äußern Wünsche, aber sie haben sich nicht ein einziges Mal mit dem Thema ihrer Bedürfnisse ernsthaft auseinandergesetzt. Neben dem täglichen funktionieren, wird die Notwendigkeit der eigenen Bedürfnisse selten als Priorität gesehen. Sie kommt erst dann zum Vorschein, wenn wir jemanden sehen, der das Leben lebt, dass wir uns für uns wünschen würden.

Du denkst du kannst nichts wirklich gut?

Ich möchte dir nochmals eine kleine Geschichte erzählen: Meine Leidenschaft ist das Schreiben. Ich hätte aber nie gedacht, dass ich damit irgendwann einmal mein Lebensunterhalt verdienen würde. Ich fühlte mich nicht gut genug, nicht „konkurrenzfähig", hatte keinerlei nennenswerte Erfahrungen oder Referenzen. Logisch, wie denn auch? Ich kam ja nicht mit dem Duden in der Hand aus dem Bauch meiner Mutter. Ich war jung und hatte ja so gar keine Ahnung, was es bedeutete, wirklich hauptberuflich zu schreiben. Das einzige was ich wusste, war, dass Journalisten ordentlich was vorzeigen mussten um sich zwischen all den anderen erfolgreichen Schreiberlingen behaupten zu können. Das Haifischbecken der Journalisten sollte nie unterschätzt werden. Freiberufliche Schreiberlinge spriessen in jeder Ecke und es ist wirklich SAUHART ein Mandat an Land zu ziehen. Des Weiteren bin ich in einem kleinen Dorf aufgewachsen, wo es keinerlei Jobs in dieser Richtung gab. Der Journalist gehörte zu den Exoten unter den gängigen Berufen der Bäckereifachfrau, des Industriemechanikers und der Friseurin. Ich fand also allerlei ausreden, warum es mit meinem Traumjob nicht klappen würde. Das alles änderte aber nichts daran, dass ich es einfach liebte zu schreiben. Zu damaliger Zeit waren Blogs noch kein Thema und ich schrieb viele Jahre vor mich hin, bevor der erste Artikel an die Öffentlichkeit gelangte. Irgendwann zog ich dann nach München. Die Medienlandschaft war dort um einiges ausgereifter und ich kam das erste Mal so richtig in Kontakt mit Fernsehproduktionen, Verlagen und Radiosendern. Das erste Mal in meinem Leben hatte ich das Gefühl, dass ich nicht nur etwas gefunden hatte, dass ich mein restliches Leben verfolgen wollte, sondern fand auch die beste Bestätigung für eine Leidenschaft, die mir bisher glücklicherweise noch nie jemand ausreden konnte. Was ich dir damit sagen möchte, ist folgendes: Es wird sicherlich irgendetwas in deinem Leben geben, dass du von Herzen gerne tust, mit dessen Beschäftigung du sehr viel Zeit verbringst oder etwas, das du tust und dabei sogar die Zeit vergisst. Musik machen, Kochen, Handwerkeln, Schreiben, Lesen, Tüfteln, Kreieren, Verwalten, Erfinden ... Um aus einer Leidenschaft etwas grosses mit Potenzial zu machen, musst du Zeit mit ihr verbringen und sie zu etwas noch größerem machen, als du es bist. Ich habe 27 Jahre gebraucht um meinen ersten Artikel in einer Zeitung zu veröffentlichen! Ich habe somit 27 Jahre in Praxis und Übung investiert um irgendwann zu dem Punkt zu kommen, meinen Traum vom Schreiben auch leben zu können. Wenn du also auch nur irgendetwas hast, dass du gerne tust und im Moment noch an der Umsetzung haderst, weil du denkst, du seist noch nicht gut genug um damit grosse Schritte zu machen, dann lege noch einen Schub Praxis drauf und warte nicht bis dir diese Leidenschaft entgleitet. Du musst nicht perfekt sein und dein Projekt muss nicht perfekt sein um damit an den Start zu gehen. Viele Leute geben viel zu früh auf, weil sie nicht die Geduld für den Reifeprozess aufbringen. Tue mir bitte einen Gefallen und zähle dich nicht dazu.

Prioritäten ändern sich,
aber das Gefühl bleibt gleich

Wie bei Kindern, die zuerst Polizist oder Zauberer werden wollten und später dann doch lieber Moderator oder Bauingenieur, wirst auch du deinen Kurs immer wieder mal ändern. Mit jedem Meilenstein, den du in deinem Leben gehen wirst, werden sich auch deine Bedürfnisse und Prioritäten ändern und anpassen. Was aber bleibt, sind die Leidenschaften. Diese sind in deiner Seele verankert und begleiten dich ein Leben lang. Selbst wenn du eine Leidenschaft für mehrere Dinge pflegst, die auf den ersten Blick unterschiedlicher nicht sein könnten, wirst du eine Möglichkeit finden, sie zu vereinen. Liebst du Essen und Design? Dann bist du vielleicht der geborene Food-Blogger. Oder bist du ein Fan von Technik und Reisen? Dann teste technische Entwicklungen auf Reisen. Oder wenn du ein richtiger Fuchs bist, warum entwickelst du nicht selbst ein Produkt, nach dem Reisende sich die Finger lecken würden? Engagierst du dich gerne im Sozialen Bereich und liebst Musik? Vielleicht wäre der Beruf des Musiklehrers in Drittländern etwas für dich. Es gibt tausende Varianten, du musst nur deinen kreativen Kopf spielen lassen.

Muss ich alle Leidenschaften unter einen Hut bekommen?

Nein, das musst du nicht. Finde einen roten Faden, der all die Dinge vereint die dir wichtig sind. Kreiere dein eigenes Jobprofil. Wer sagt denn, dass du das nicht darfst? Vergiss nie, hier geht es um dich und deine Bedürfnisse, es muss für dich einen Sinn ergeben, für niemanden sonst. Wenn du dich aber nach wie vor schwer darin tust, eine Leidenschaft ausfindig zu machen, dann können dir vielleicht folgende Fragen beim Findungsprozess eine Hilfestellung sein:

- Wer wärest du gerne?
- Wonach sehnst du dich?
- Was sind deine grössten Prioritäten im Leben? Zähle sie in der Reihenfolge der Wichtigkeit auf.
- Wo verbringst du die meiste Zeit?
- Wofür gibst du das meiste Geld aus?

- Passen die Prioritäten zu deinem Verhalten?
- Was kannst du gut? Wo liegen deine Talente?
- Wo liegen deine derzeitigen beruflichen Ziele?
- Passen deine Prioritäten zu deinen beruflichen Zielen?
- Könntest du dir vorstellen, aus deinen Prioritäten und deinen beruflichen Zielen eine Berufung zu machen?
- Was wären die nötigen Schritte, die du dafür gehen
- müsstest?
- Worauf warst du als letztes besonders stolz? Und worauf weniger?
- Was müsste passieren, um noch mehr solcher Momente zu erleben?
- Was beschäftigt dich? Was sind deine Ängste?
- Wo willst du in sechs Monaten stehen?
- Wo in einem Jahr?
- Wo in fünf Jahren?
- Was würdest du dir wünschen, was die Menschen über dich deinem Sterbebett sagen würden?

Wenn du nun deine Antworten genauer anschaust, findest du Gemeinsamkeiten aus deinen Bedürfnissen und deinen Verpflichtungen? Brainstorme alles, was dir dazu einfällt. Versuche herauszufinden, was dich glücklich machen würde, wenn du die Dinge vereinen würdest, die dir am meisten Freude in dein Leben bringen. Erlaube dir, auch Dinge zuzulassen, die sich nach totalem Schwachsinn anhören, sie sind nämlich wichtig und können dir Gedankengänge eröffnen, auf die du sonst nicht gekommen würdest.

Und nun, definiere dein Ziel und werde klar in deinen Vorstellungen

Du und ich, wir wissen wie es sich anfühlt, nach etwas zu streben, dass sich nach purem Glück anfühlt. Wir alle wissen auch, wie es sich anfühlt, eine Sehnsucht so stark zu empfinden, dass man alles dafür stehen und liegen lassen würde. Handeln tun nur die wenigsten. Aber warum? Angst vor Veränderung. Angst vor Verlust. Angst vor Versagen. Oder einfach aus Bequemlichkeit. Aber bevor du weisst, wie du deinen Traum umsetzen kannst, musst du erstmal wissen, was du eigentlich genau willst. Aussagen wie „Ich will reich werden", „Ich will erfolgreich werden", „Ich will eine eigene Firma haben", „Ich will viel Urlaub machen können", zählen nicht. Das sind keine Ziele die du wirklich fokussiert angehen kannst. Sie sind immer noch zu schwammig. Wie viel Geld ist denn reich? Was ist für dich Erfolg? Woran machst du ihn fest? Bist du erfolgreich, wenn du 1000 Follower auf Facebook hast oder bist du erfolgreich, wenn dein erstes Buch mit einer Auflage von 25 000 verkauften Exemplaren ausverkauft ist? Wie gross soll denn dein Unternehmen werden? Willst du nur eine kleine Einmann-Kiste oder willst du einen Konzern? Was ist für dich Urlaub? Einen Städtetrip über zwei Tage oder eine Weltreise über ein Jahr? Du verstehst was ich meine. Du musst spezifisch und genau werden. Denn, nur wenn du genau, und ich meine wirklich genau, weisst, was du willst kannst du auch gezielt darauf hinarbeiten.

„SOLL ICH FÜR MEINEN TRAUM ALLES HINSCHMEISSEN?"

Einen neuen Lebensabschnitt zu beginnen, sollte zwar gut durchdacht sein, jedoch nicht zu Tode analysiert werden. Finde dich damit ab, so gut du auch meinst vorbereitet zu sein, es kommen immer Dinge auf dich zu, die du nicht vorhersehen kannst. Erwachsen werden bedeutet, für sich selbst Verantwortung zu übernehmen und für seine Ziele einzustehen, egal in welchem Alter. Manche Menschen sind schon bereits im Kindesalter auf sich allein gestellt und werden somit gezwungen erwachsen zu werden. Andere sind dagegen mit Ende 30 oder 40 noch nicht erwachsen genug um für sich selbst Verantwortung zu übernehmen. Wenn du dein Leben für Dinge hingibst, die dich langweilen und dich einfach nicht weiterbringen, wirst du dich nicht beschweren dürfen, warum nichts in deinem Sinne funktioniert. Auch wenn in deiner Vergangenheit vielleicht schon vieles schief gelaufen ist, bist du nach wie vor diejenige, die alles zum Guten wenden kann. Vieles konntest du vielleicht nicht beeinflussen und das Schicksal hat dir einen grossen Streich gespielt, für dein neues Leben solltest du aber erwachsen genug sein um es selbst in die Hand zu nehmen. Es spielt keine Rolle mehr, ob du früher ein guter oder schlechter Schüler warst, ob du studiert hast oder einen Hauptschulabschluss mit Ach-und-Krach vorzuweisen hast. Auch Fehler, die du in der Vergangenheit begangen hast, all das soll in Zukunft keine Rolle mehr spielen. Das was jetzt passiert zählt. Deine Einstellung zum Leben, deine Disziplin. Alles andere ist eine Ausrede. Ob du für deinen Traum alles hinschmeissen sollst, musst du für dich selbst entscheiden. Ich kann dir jedoch sagen, dass ich aufgehört habe zu zählen, wie oft ich davon überzeugt war, Tage später wieder alles über den Haufen warf – und es dann vielleicht trotzdem gewagt habe. Soll ich meinen sicheren Job hinschmeissen? Womit will ich meinen Lebensunterhalt verdienen? Wie soll ich die Finanzen stemmen? Wovon soll ich leben? Wie geht es dann weiter? Ist mein Businesskonzept gut genug um erfolgreich umgesetzt zu werden? Letztendlich habe ich es aber getan, weil mich folgende Argumente überzeugt haben.

Du tust niemandem einen gefallen, wenn du bleibst

Als ich kurz vor der Kündigung meines Jobs stand, war ich sehr launisch. Ich war hochsensibel (im negativen Sinne), schnell reizbar, hatte keine Motivation für meinen Job mehr übrig, den ich eigentlich immer gerne gemacht habe, und ich sah es auch nicht mehr ein, mich mehr als nötig für die besten Resultate zu bemühen. Ich war sogar so weit, dass es mir egal war, ob mich mein Boss wegen meiner mittlerweile miserablen Leistungen feuern würde. Was hätten mein Chef und ich also davon gehabt, wenn ich mich weiter an einen Bürostuhl fesseln würde, der einfach nicht für mich gemacht war? Keiner würde damit langfristig glücklich werden. Es war also nur eine Frage der Zeit, bis die Kündigung zur Sprache kommen sollte. Trotz allem war es mir wichtig, einen Abgang mit Stil zu machen. Ich erklärte ihm offen und ehrlich wie die Sachlage stand. Ich erklärte ihm, dass ich einen Tapetenwechsel brauchte. Ehrlich und freundlich, schliesslich sieht man sich immer zweimal im Leben. Die Reaktion von ihm war weniger überrascht, da er meinen Missmut natürlich schon längst bemerkt hatte. Als ich das Büro betrat, setzten wir uns an den grossen Besprechungstisch und er eröffnete die Runde mit einer Frage, für dessen Antwort ich gefühlte 30 Sekunden brauchte. „Doris, bist du noch glücklich in deinem Job?". Ich hatte ich mich auf die ein oder andere Frage vorbereitet, mir Antworten parat gelegt und ich bin vorher sogar im Kopf ein imaginäres Streitgespräch durchgegangen, aber das alles wurde mit dieser Frage ins Nirwana geschossen. War ich denn unglücklich? Oder war ich einfach nur ausgepowert und wollte auf biegen und brechen mein eigenes Ding durchziehen? Ich antwortete mit „Jein", denn das Problem war nicht der Job an sich, das Schreiben, der Beruf des Journalisten und das Glück, mit etwas mein Leben finanzieren zu können, dass mir wirklich Spaß machte, sondern dass es für mich einfach nicht der richtige Ort war, die richtige Zeit und die richtige Plattform. Ich wollte keinen Lokaljournalismus mehr machen. Ich wollte lieber über einen Lifestyle schreiben, der Frauen glücklich macht – der mich glücklich macht. Ich wollte Frauenherzen bewegen und nicht mehr über Milchbauern und Nachbarschaftsstreitereien berichten. Ich wollte etwas bewegen – ich wollte mich bewegen. Nicht mehr auf der Stelle stehen und mir selbst endlich eine Chance geben. Ich wusste ich hatte das Potenzial dazu, das ganz grosse Ding in meinem Leben drehen zu können. Und da wollte ich jetzt hin.

Allein der Gedanke daran, dass ich mit 50 Jahren daheim sitze und nicht zumindest einen Versuch unternommen hätte, machte mich wahnsinnig. Ich bin in meinem Leben schon einigen Frauen begegnet, die heute viel Reue für die Dinge empfinden, die sie nicht getan haben. Und das, weil sie nicht ihrem Herzen gefolgt sind. Sicher, die Zeiten waren damals vor 30 oder 40 Jahren wesentlich anders, aber man wird nunmal nicht jünger und die Unabhängigkeit wird irgendwann flöten gehen. Mit dem Alter kommen einfach Lebensumstände, die man nicht planen kann. Partner, Kinder, Gesundheit, Karriere, Finanzen, Politische Regelungen – alles Dinge, die ein Leben steuern und beeinflussen. Dinge, die darüber entscheiden, in welche Richtung es weitergeht. Diese Faktoren müssen zwar eine Selbstverwirklichung nicht ausschliessen, aber sie entscheiden über den Schwierigkeitsgrad der Umsetzung. Der hauptausschlaggebende Grund für meine Risikobereitschaft war, dass ich dem Moment noch keine Verantwortung für andere zu tragen hatte. Alle Entscheidungen und Risiken, die ich zu diesem Zeitpunkt einging, hatten keine Auswirkungen auf Dritte, von mir abhängige Personen. So war es auch einfacher für mich, den Job für ein „Hirngespinst" aufzugeben und alles auf eine Karte zu setzen – wohl wissend im schlimmsten Falle für ein paar Monate am Hungertuch zu nagen. Denn nun mal im ernst: worauf sollte ich denn warten? Auf besseres Wetter? Auf eine bessere finanzielle Lage? Auf den perfekten Job? Auf diesen und jenen Abschluss? Auf den perfekten Partner? Das kannst du doch alles vergessen. Ich hatte keine Zeit für so etwas! Den perfekten Zeitpunkt würde es sowieso nie geben. Das einzige was ich tun konnte, war abzuwägen, wann die Schadensbegrenzung im schlimmsten Falle am niedrigsten ausfallen würde.

Jetzt mal ganz ehrlich, ist dir eigentlich bewusst, wie schnell das Leben vorbei sein kann? Ist dir bewusst, wie schnell die Zeit vergeht? Schwubdiwub hast du Abitur gemacht, Schwubdiwub hast du deinen Master in der Tasche, danach wird ein toller Job gesucht um Berufserfahrung zu sammeln, dann kommt der perfekte Traummann, Kinder werden in die Welt gesetzt, und du mutierst zur Hausfrau für die nächsten 20 Jahre. Und wenn die Kinder aus dem Haus sind, nimmst du dir endlich vor, jetzt erst mal richtig zu leben. Da ist nur ein Problem, deine Gesundheit spielt nicht mehr so ganz mit und die Finanzen sind vielleicht auch nicht mehr so rosig. Einmal Kenia, einmal Mallorca und ein zweiwöchiger Road-Trip durch Skandinavien? Jetzt leider nicht mehr. Im schlimmsten Falle hast du dich Jahre später von deinem Partner getrennt und die Scheidung hat dich nicht nur finanziell, sondern auch psychisch vollkommen ruiniert. So, und wo warst du nun die ganzen Jahre? Du hast dich aufgeopfert, zuerst für deine Karriere, dann für deinen Mann und deine Kinder, hast überall unterstützt und geholfen, warst immer da, wenn man dich gebraucht hat, doch wo warst du? Wo waren deine Träume all die Jahre? Wo waren die Momente, wo es nur um dich ging? Was ist aus deinen Wünschen und Zielen geworden, die du dir als Teenager noch in dein Tagebuch geschrieben hast? Stelle dir also folgende Frage und überlasse deinem Herz die Beantwortung: Wirst du es in zehn Jahren bereuen, dieses oder jenes nicht getan zu haben? Du wirst dich wundern, was das Leben in zehn Jahren für dich bereit hält, wenn du dich für dein Herz entscheidest. Die einzige Voraussetzung ist nur zu starten. Jetzt.

Du wirst es nie bereuen,
deinem Herzen gefolgt zu sein

Ich habe schon gehört, dass es passieren kann, dass sich das Ziel im Nachhinein anders anfühlt als erwartet oder dass es in veränderter Form eingetreten ist. Von Reue wurde jedoch nie gesprochen. Warum denn auch? Wenn man ein Ziel vor Augen hat und es ansteuert, dann geht es nicht um das, was man am Ende vorfindet, sondern wie sich der Weg dorthin anfühlt. Der Weg ist das Ziel – altbekannt. Es geht um all die kleinen Erfolgserlebnisse, die Meilensteine, die Menschen die einen begleiten, mal länger mal kürzer, und es geht darum, dass du dieses bestimmte Gefühl von Freiheit und Erfüllung empfindest, dass nur dann aufkommt, wenn du Dinge verfolgst, die dir wichtig sind. Ich bin zwar auch noch nicht am Ziel meiner Träume angekommen, habe auch schon einige Dämpfer abbekommen, aber das sind nunmal die Spielregeln. Du brauchst diese Achterbahn, damit du lernen kannst, mit den Dingen umzugehen, die dich am Ziel erwarten. Lass dich nicht von der Angst leiten, dass du es bereuen könntest, denn das wirst du sicher nicht. Alles was du am Ende mitnimmst, sind die Erinnerungen. Es ist wirklich wichtig, Dinge aus Leidenschaft zu tun, weil du deren Wert nicht in materiellen Dingen messen kannst. Du wirst am Ende nichts mitnehmen – weder dein Geld, noch deinen Neuwagen, deine Villa oder deinen Schmuck, auch nicht deine Männer. Was du jedoch mitnehmen wirst, sind die Erinnerungen, den positiven Eindruck, den du bei Menschen hinterlassen hast und das Gefühl der Dankbarkeit, den die Menschen verspüren, die du mit deinem Wesen begeistert hast oder die Menschen, die dich auf irgendeiner Weise berührt haben. Diese Momente werden dir bleiben und über Reue oder Glücksgefühle entscheiden.

WIE DU SKEPSIS UND ANGST FÜR DEINEN NEUANFANG NUTZT

Als ich auf Mrs Globalicious verkündet hatte, dass ich nun meinen Job geschmissen habe um an meinem Traum zu arbeiten, war die Resonanz einfach gigantisch. Zum Einen hatte ich noch nie so sehr das Bedürfnis meine Gefühlslage mitzuteilen und zum Anderen hätte ich im Leben nicht erwartet, dass es so viele Frauen da draussen gibt, die mit den gleichen Problemen zu kämpfen hatten. Neben dem großen Zuspruch und den vielen Komplimenten für meinen Mut, habe ich auch viele E-Mails bekommen, in denen mir eine Kernsubstanz aufgefallen ist: Skepsis und die Angst davor zu versagen. Folgende Fragen tauchten dabei immer wieder auf:

Wie finde ich das richtige Businesskonzept für mich?

Nochmals, eine geile Business Idee entsteht während du mit deiner Leidenschaft Zeit verbringst. Sie entsteht in Momenten, wo du gar nicht krampfhaft versuchst, das Perfekte zu finden. Wenn du beispielsweise als Bloggerin dein Business aufbauen möchtest, solltest du dir bewusst sein, dass ein Blog sehr viel Zeit und Geduld braucht, bevor er die Früchte trägt, die dir ein regelmässiges Einkommen generieren. Wenn du also noch kein konkretes Konzept hast und du dir nicht sicher bist, ob dieses Thema dich auf lange Sicht begeistern kann, dann finde es heraus, indem du dir die Zeit gibst und schaust, wie du mit dieser Nische zugange kommst. Du wirst aber ohnehin an einem ausprobieren nicht vorbeikommen. Dinge, die dir im Laufe der Zeit unangenehm werden oder bei denen du keinen Spass hast, werden automatisch weniger werden und die Kernkompetenz, deine Leidenschaft, wird bleiben. Das Schlimmste was du tun kannst ist, nichts zu tun. Als ich damals mit dem Bloggen anfing, hatte es so absolut gar nichts mit dem zu tun, was ich im Moment produziere. In meinen Anfängen schrieb ich über meine Reisen. Ein paar Monate später ließ ich meinen Gedanken zu gesellschaftlichen Themen und sozialen Brennpunkten freien Lauf. Wenn ich richtig gezählt habe, änderte sich meine Nische ganze vier mal, bevor mein Magazin zu dem wurde, was es heute ist.

Aber wann ist der richtige Zeitpunkt meinen Job zu kündigen?

Für den richtigen Zeitpunkt gibt es kein geschriebenes Gesetz. Den richtigen Zeitpunkt für die Kündigung verrät dir dein Bauchgefühl. Ich habe für mich den richtigen Zeitpunkt nach folgenden Kriterien festgesetzt:

- Wenn ich mit Bauchschmerzen morgens zur Arbeit gehe
- Wenn der Job mich nicht mehr erfüllt und ich keinen Spass mehr daran habe
- Wenn ich mich nicht mehr auf den Job konzentrieren kann und sich die Gedanken nur noch um meine Vision drehen
- Wenn ich eine Alternative gefunden habe, die mir in der Übergangsphase mein Leben finanziert (Ersparnisse, erstes Einkommen durch das eigene Business, etc.)
- Wenn ich das Gefühl habe, dass ich meine wertvolle Zeit auf der Arbeit vergeude und ich sie stattdessen lieber in mein Herzensprojekt stecken würde
- Wenn ich dazu bereit bin, für mein Glück etwas zu riskieren
- Wenn ich dazu bereit bin, für mein Glück zurückzustecken (die erste Zeit wird arbeitsintensiver als ein 9 to 5 Job, jedoch macht man ihn auch aus voller Motivation und aus eigenem Antrieb)

Was wäre der ideale Weg?
Reduzieren, kündigen oder weitermachen?

Für mich war die Kündigung sicherlich die beste Variante, da ich für mein Anliegen nicht nur ausreichend Zeit brauchte, die ich sonst im Büro vergeudet hätte, sondern auch einen freien Kopf. Ich wollte mich nicht tagtäglich vom genervten in den motivierten Arbeitsmodus umstellen müssen. Denn das ist genau das, was mich zur Verzweiflung gebracht hat. An manchen Tagen fiel es mir schwer mich zu konzentrieren und ich musste mich immer wieder in Prozesse neu hinein denken. Wenn es dir also wie mir geht, kündige. Wenn du dir wegen der Sicherheit und der Finanzen unsicher bist, reduziere und nutze die gewonnene Zeit um Alternativen zu finden. Wenn du dir selbst nicht wichtig genug bist um dich aus deiner ungeliebten Situation hinaus zu manövrieren, mach so weiter und bleibe als treuer Mitarbeiter deinem Chef erhalten.

Ich bin nicht gewappnet für ein Leben ohne Sicherheit. Was soll ich tun?

Das Bedürfnis nach Sicherheit hat ganz sicher seine Daseinsberechtigung. Es geht hier schließlich nicht darum, jemanden zu etwas zu bekehren, das nicht das richtige für ihn ist. Wenn du auf deinen festen Wohnsitz oder dein stabiles Einkommen nicht verzichten möchtest, darfst du dich gerne der unzähligen anderen Möglichkeiten bedienen, die es gibt. Du kann beispielsweise erstmal deinen Job auf Teilzeit reduziert und nebenbei deinem Baby das Laufen beibringen. Eine andere Variante wäre die Familie oder den Partner einzubeziehen und offen und transparent zu erklären, wie wichtig dieses Projekt für dich ist. Im Idealfall wirst du in deinem Vorhaben unterstützt und finanziell für eine gewisse Zeit aufgefangen, sodass du dich problemlos deiner Idee widmen kannst. Letztlich geht es darum, sich aus einer Situation zu lösen, in der man sich unterfordert, überfordert oder nicht richtig aufgehoben fühlt.

Welcher Methode du dich dabei bedienst, liegt absolut in deiner Hand.

Aber was mache ich, wenn ich keine Rücklagen habe?

Vielen Menschen ist es aus den verschiedensten Gründen einfach nicht möglich, eine Reserve anzusparen. Wenn ich höre, wie manche Blogger im mir-nichts-dir-nichts mal kurz 10.000 Euro in ein paar Monaten ansparen, frage ich mich schon manchmal was ich falsch gemacht habe, aber das ist eine andere Story. Denn obwohl ich eigentlich bisher ganz bescheiden gelebt habe, habe ich es nach Abzug meiner Fixkosten nie auf 10.000 Euro Überfluss auf meinem Konto geschafft. Aber ich schätze, wenn das so einfach wäre, hätte vermutlich jeder ein dickes Bankkonto. Verstehe mich nicht falsch, ich sage nicht, dass es nicht funktioniert – mit eisernem Willen ist sicherlich einiges möglich. Aber realistisch gesehen, bedarf es für den Otto-Normalverbraucher mit Mietwohnung, eigenem Auto, Versicherungen, Steuern, Lebenshaltungskosten und womöglich noch Rückzahlung von Krediten und Kindern, eine andere Lösung, um ein nettes Sümmchen zur Selbstverwirklichung anzusparen. Neben dem Herabschrauben der Ausgaben gibt es beispielsweise die Möglichkeit Geld anzusparen, ohne das es dem monatlichen Geldbeutel wehtut. Überweise beispielsweise regelmässig kleinere Beiträge (15 bis 30 Euro) oder dein restliches Guthaben am Monatsende auf dein Sparkonto. Im grossen Ganzen gesehen, dauert es zwar länger, aber das Prinzip zählt. Oder du versuchst dich als Freelancer in den verschiedensten Bereichen. Mit dem einen oder anderen Job kannst du dir sicherlich einiges auf die Seite sparen. Die beste Variante ist aber noch immer ein Bridge-Job. Also ein Job, den du nur wegen des Geldes machst, der dich nicht extrem einspannt und der dir die Freiheit erlaubt, nebenbei an deiner Idee zu arbeiten.

Meine Umgebung nimmt meine Bedürfnisse und Träume nicht ernst. Was tun?

Dieses niederschmetternde Gefühl kenne ich nur zu gut, das kannst du mir glauben. Ich weiß gar nicht mehr, wie oft ich wegen meiner Schreiberei belächelt würde. Das sei doch ein „Affenzirkus für Internetjunkies". Und obwohl das Internet aus dem heutigen Leben nicht mehr wegzudenken ist, haben viele den Sinn und das Konzept des Bloggens noch immer nicht wirklich verstanden, geschweige denn, dass dies auch eine Möglichkeit sein kann, es zu seiner Haupteinnahmequelle zu machen. Als Tipp zum Umgang mit solchen Miesmachern, kann ich dir folgendes empfehlen:

Frage nie um Erlaubnis

„Entschuldigung, ist es in Ordnung, wenn ich mir mein gesamtes Erspartes in eine Eskimo-Expedition stecke oder es den afrikanischen Ureinwohnern schenke?" – Hört sich doof an, oder? Eben. Frage nie um Erlaubnis! Warum denn auch? Wenn das dein Traum ist, dann ist das eben so. Du bist ein erwachsener Mensch und kannst doch selbst entscheiden, wie du dir dein Leben gestaltest. Höre auf, dein Leben nach den Bedürfnissen anderer auszurichten. Ich nehme an, das hast du vermutlich schon lange genug getan. Wenn du Kinder hast, heißt das allerdings nicht, dass du die nächsten 20 Jahre nur noch parieren musst. Denn, auch wenn die finanziellen Mittel oder die örtliche Gebundenheit eine größere Hürde darstellen, beginnt deine Reise in die Selbstverwirklichung mit deiner Leidenschaft. Und die kann auch daheim und ohne grosse finanzielle Mittel in Gang gebracht werden. Der erste Schritt ist Selbstvertrauen, der zweite das Handeln.

Sich für einen andersartigen, nicht typischen Lebensstil in Eigenregie zu entscheiden, gilt immer noch als sonderbar und speziell. Bloß nicht aus der Reihe tanzen, sonst giltst du als nicht gesellschaftsfähig. Lass in diesem Fall Kommentare oder Bemerkungen nicht an dich heran und nimm es vor allen Dingen nicht persönlich. Viele Miesepeter sprechen aus Neid, weil sie selbst mit ihrem Leben nicht zufrieden sind und es aber auch nicht ändern wollen. Von Können möchte ich hier nicht sprechen – es geht alles, wenn man will. Solche Leute sind nur Gift für dich und deine Motivation.

Ich habe eine Familie und kann nicht einfach alles verändern wie mir lieb ist

Diese Sorge kann ich verstehen, aber sie ist noch lange kein Grund deinen persönlichen Wert aufzugeben. Du kannst wegen der Schulpflicht deiner Kinder nicht reisen? Das musst du auch nicht. Selbstständig zu sein, heisst nicht zwingend, dass du nun alles stehen und liegen lassen musst, sondern dass du deine Bedürfnisse ernst nimmst und dass du dir Möglichkeiten findest, die deinen Interessen gerecht werden. Das kann also auch aus dem Home-Office in der Lenzestrasse 5 sein. Das entscheidende bei dieser Sache ist, dass du unabhängig und frei dein eigenes Ding machst. Du scheffelst in deine eigene Tasche und bist niemandem mehr Rechenschaft schuldig. Ob das von Timbuktu, Bali, Las Vegas oder Bad Nauheim ist, hat niemanden zu interessieren – außer dich selbst.

Ich habe Angst zu versagen …

Versagensängste sind menschlich und ganz natürlich. Daran merkst du erst, dass dir etwas verdammt wichtig ist. Wenn uns Dinge nicht kümmern oder sie uns egal sind, machen wir uns auch keine Gedanken um die Konsequenzen. Sieh deine Ängste also als wichtiges Zeichen für dein Vorhaben, denn sie zeigen dir, wie ernst du dein Vorhaben zu nehmen hast. Wenn du nicht weisst, wie du am besten mit deiner Angst umgehen sollst, schreibe dir eine Liste und zähle die Dinge auf, die dir im schlimmsten Falle passieren könnten, wenn deine Idee nicht aufgeht. Dazu später aber mehr.

Was ist aber, wenn ich mir hinterher eingestehen muss, dass es nicht das Richtige für mich war?
Dann hast du trotzdem nichts verloren! Denn in dem Moment, wo du feststellst, dass dieser Weg vielleicht gar nicht der richtige für dich war, bist du um eine Erfahrung reicher. Und das wichtigste ist, du hast gelernt auf dein Herz zu hören und deinen Sehnsüchten nachzugehen. In diesem Fall kannst du dich wieder einem regulären 08/15-Alltag widmen, eine Festanstellung suchen und dein Leben geht trotzdem weiter. Vielleicht hast du aber festgestellt, dass diese Art des Konzeptes zwar nicht exakt deine war, du aber durch deinen Lernprozess auf eine ganz andere Idee gekommen bist, die du vielleicht vorher nie angedacht hättest. You never know... Nehmen wir aber mal an, deine Idee geht auf und wird ein voller Erfolg. Du würdest dich in den Allerwertesten beissen, hättest du zu aller Anfang nicht den Mut aufgebracht und deinen inneren Schweinehund überwunden.

Kapitel 2:
Der erste Schritt

Grosse Veränderungen bedeuten nicht nur Umstellung, sondern auch Einschränkung, Neuerfindung oder eine Investition ins Ungewisse. Plötzlich bewegt man sich aus einem Muster von Bequemlichkeit, bewährter Methoden und einer Sicherheit, die sich über die Jahre bewiesen hat. Diese Sicherheit hat Lebensstrukturen geordnet und für den nötigen Rückhalt gesorgt; das alles aufzugeben ist schwer. Leider wird dir aber nie jemand eine hundertprozentige Garantie dafür geben können, dass das, was du da vorhast, auch wirklich fruchten wird. Du wirst es aber auch nie erfahren wenn du es nicht zumindest versucht hast. Was dir vermutlich gerade nicht bewusst ist, ist, dass du schon sehr oft dieses Risiko auf dich genommen hast.

Jeder Jobwechsel, jeder Umzug und jede Beziehung, die du aufs Neue eingegangen bist – all diese Veränderungen waren nicht nur Dinge, die auf deine Lebensausrichtung Einfluss genommen haben, sondern sind auch Dinge, die du getan hast, obwohl du nie eine Garantie dafür hattest, dass es das war, was dir tatsächlich das Glück bescheren würde, richtig?

Als ich mich selbst verwirklicht habe, habe ich mir drei Fragen gestellt, die meinen Kopf wieder ordnen sollten. Ganz unabhängig von meiner Euphorie, sollten sie mir helfen herauszufinden, ob es der richtige Schritt für mich sei. Ich hatte Angst davor, mich finanziell in die Pleite zu manövrieren, nicht rechtzeitig den Fuß in die Tür zu bekommen und war generell sehr besorgt darüber, dass Freunde, Verwandte, Arbeitskollegen und die vielen Fremden mich und mein Portfolio schlecht, nein sogar scheisse, finden würden. Ich malte mir sämtliche Horrorszenarien aus und rechnete schon mit dem grössten Shitstorm und Buh-Rufen, sobald ich mich das erste Mal als offizielle Geschäftsfrau zeigen würde. Was letztendlich passierte? Rein. Gar. Nichts. Ja, ich wunderte mich tatsächlich, dass so rein gar nichts passierte und sich wirklich kaum einer darum scherte, ob ich nun auch in die Welt der Unternehmerinnen eingezogen war.

5000 Euro, das war das Budget, dass ich auf meinem Konto hatte, als ich Deutschland nun vor ein paar Monaten verließ. Nicht viel Geld, und ja, obwohl ich das nun wirklich niemandem empfehlen würde und einige womöglich nun auch die Hände über dem Kopf zusammenschlagen, es hat mir gereicht, um mir für die ersten zwei Monate ein Dach über dem Kopf, eine Krankenversicherung und mir mein Essen im Kühlschrank leisten zu können. Natürlich waren keine grossen Sprünge drin, aber es war mir auch viel wichtiger, dass ich nun ein neues Leben an einem Ort anfangen konnte, der mich wirklich aufblühen ließ, als mich nur wegen des Geldes an einen Ort zu fesseln der für mich einfach nicht richtig war. Ich bevorzugte lieber das Leben am Existenzminimum, als mich selbst in Depressionen zu lenken, nur weil die Startvorraussetzungen für eine Auswanderung nicht perfekt waren. Natürlich ich hatte Angst, jedoch nie Existenzängste. Ich wusste was ich konnte, ich hatte einen groben Plan, womit ich mein Geld verdienen sollte und ich hatte auch schon einiges an Vorarbeit geleistet um in Los Angeles nicht allein dazustehen. Ich kannte Leute, die mich aufnahmen, ich hatte Mandate in der Tasche, die mir meinen finanziellen Fluss einigermaßen aufrecht erhielten und ich hatte einen Plan für die Zukunft. Ich wusste was ich wollte, was ich genau wollte, also wusste ich auch in welche Richtung ich rudern sollte. Jeder, der dir erzählen würde, er wäre bei seinem Schritt in die Selbstverwirklichung frei von allen Ängsten gewesen, der lügt dir eiskalt ins Gesicht oder er wird sich öffentlich nicht eingestehen wollen, dass auch er oder sie Momente von Schwäche hatte. Es ist vollkommen normal und es ist OK, Angst und Respekt vor größeren Dingen zu haben. Ich habe meine Ängste immer als Zeichen dafür gesehen, dass mir etwas so dermaßen wichtig ist, dass dessen Umsetzung das Höchste aller Gefühle für mich bedeuten würde. Es war für mich immer mehr ein grosses Zeichen von Respekt vor dem Unbekannten, als ein Weg mich vor etwas einschüchtern zu lassen. Es konnte ja schliesslich nicht so schwer sein, weder die Auswanderung nach Los Angeles noch die Gründung meines eigenen Verlages. Unzählige Menschen hatten dies schon vor mir getan und sie waren ja schliesslich auch nicht alle daran gescheitert. Ich überlegte mir also ernsthaft, wie es wäre, einfach mein eigenes Ding zu machen. Mein Gefühl sagte mir „Mach es", aber nicht genau zu wissen wie ich das alles mit dem Visum und ohne grobes Businesskonzept anstellen sollte, trieb mich aber immer wieder dazu die Entscheidung zu vertagen. Der Gedanke an mein eigenes kleines Imperium fühlte sich aber richtig toll an. Ein Business nach meinen Vorstellungen zu führen, mein eigener Chef zu sein und all den Frauen in die Selbstverwirklichung zu helfen, ließ mein Herz aufblühen, aber es dauerte trotzdem eine Ewigkeit, die Entscheidung für ein „Ich mach das jetzt einfach" zu fällen.

Folgende Fragen halfen mir bei meiner Entscheidung:

- Was wäre das Schlimmste, dass mir passieren könnte, wenn ich es tue?
- Was wäre das Schlimmste, dass mir passieren könnte, wenn ich es nicht tue?
- Und was würde ich tun, um nach Eintritt des negativen Szenarios wieder auf die Beine zu kommen?

Ich nahm mir viel Zeit, fühlte mich manchmal wie auf einem Höhenflug und bekam kurz danach auch gleich wieder Bauchweh, wenn ich daran dachte, was ich damit an Sicherheit aufgeben würde. Wenn ich es tun würde, würde das auf jeden Fall schon mal bedeuten, dass ich kein sicheres und zuverlässiges Einkommen mehr hätte. Los Angeles ist superteuer, die Mieten erreichen Schweizer Niveau und die Lebenshaltungskosten erreichen auch die Höchstwerte. Eine Soziales Sicherheitsnetz wie das tolle Arbeitsamt in Deutschland würde mir hier im schlimmsten Falle eben nicht den Allerwertesten retten. Hast du hier nichts, landest du auf der Strasse. Einmal endgültig hier, würde ich auch nicht einfach so wieder gehen können, schliesslich hatte ich meinen Hund im Schlepptau und ihr den Flug und das ganze Prozedere noch einmal anzutun, das wollte ich einfach nicht. Das heisst, ein Schritt wie dieser müsste einfach sitzen. Mein neues Leben müsste absolut mit meinen Werten, meinen Bedürfnissen und auch natürlich mit dem Gesetz vereinbar sein. Das letzte was ich wollen würde, wäre mich mit der amerikanischen Regierung anzulegen, denn auch wenn Deutschland mich wohl wieder aufnehmen würde, es sich mit den Amerikanern zu vergeigen, Hinter Gittern zu landen und womöglich eine Lebenslange Einreisesperre zu bekommen, das wäre für mich einfach ein absolutes No-Go. Und nein, einen Amerikaner einfach so aus dem Nichts zu heiraten kam für mich auch nicht in Frage, auch wenn ich natürlich immer wieder und nicht selten auf diese Option hingewiesen wurde, selbst von Anwälten und anderen gerichtlichen Instanzen (unglaublich aber wahr). Ich müsste jeden einzelnen Tag selbst für meinen Gehaltscheck schuften und ein geregelter Tagesablauf wäre damit auch erstmal Geschichte. Ich müsste mich mit Steuern, Versicherungen, technischen HTML Kram und Vermarktung beschäftigen. Alles Dinge, die ich bisher immer von mir ferngehalten hatte. Ich müsste meine Ausgaben so weit herunterschrauben, dass ich nur das Minimum mit meinem Ersparten überbrücken musste, was mir aber nicht mal schwer viel, denn ich besaß ohnehin nicht viel. Wenn ich mich für eine Selbstständigkeit und ein Leben in Los Angeles entscheiden sollte, hätte ich aber auch endlich die künstlerische Freiheit, die mir in meinem damaligen Job so fehlte. Ich könnte endlich die Dinge tun, die ich liebte, ortsunabhängig arbeiten, mich mit tollen, inspirierenden Menschen umgeben, die ich mir selbst aussuchen konnte und müsste mich nicht mehr gezwungenermaßen mit Arschlöchern von Arbeitskollegen umgeben, die einen stets versuchten in die Pfanne zu hauen, nur um das größte Stück vom Kuchen abzugreifen. Mit einiges an Praxis könnte ich zu einem späteren Zeitpunkt vielleicht auch eigene Produkte kreieren, Bücher schreiben und noch mehr Menschen helfen, die mir wirklich am Herzen lagen. Diese Vorstellung war einfach ein gigantisches Gefühl. Gleichzeitig versuchte ich ebenfalls zu analysieren, was ich den tun müsste, um den eventuell eintretenden Worst-Case wieder auszubügeln. Was würde mir also passieren, wenn mein Business nicht in absehbarer Zeit die Erfolge feiern würde, die ich geplant hatte? Und was würde ich tun, wenn mir das Geld eines Tages ausgehen würde? Was würde ich tun, wenn meinem Publikum einfach nicht gefallen würde, was ich kreiere? Ich jonglierte mit Möglichkeiten, schloss

Dinge aus und ich fand Lösungen. Mir wurde schnell bewusst, dass das einzige, was ich nicht wieder in Ordnung bringen könnte, lediglich die Zeit wäre, die ich mit diesem Projekt verbrannt hätte. Der Rest, alles materiell und wieder ersetzbar. Wohnung gekündigt? Dann suche ich mir eben eine Neue. Job gekündigt und das Business bringt nicht genug Gewinn ein um finanziell über die Runden zu kommen? Dann suche ich mir eben einen neuen Job. Und wenn es erstmal nur ein Job ist, der mir die Miete und mein Essen sichert. Auto verkauft? Die Öffentlichen haben ja auch etwas gutes und sparen zudem noch einiges an Cash. Es gibt für alles eine Lösung. Und vor allem, es geht IMMER irgendwie weiter. Immer. Ich hatte ohnehin vor, meine Wohnung zu kündigen und meinen Hausstand aufzulösen, was hielt mich also auf?

Wenn ich es aber nicht wagen würde, würde einfach gar nichts passieren – ausser dass ich mich wohl eines Tages mit Depressionen in Selbstmitleid suhlen würde. Ich hätte weiterhin meinen Job den ich mittlerweile mehr als Ort des Grauens empfand, würde mich weiterhin täglich den Dingen hingeben, die mir so absolut keinen Spaß mehr machten, würde vielleicht irgendwann wechseln und hätte die stetige „Sicherheit" eines festen Einkommens (wenn mich mein Boss nicht vorher wegen unmotivierter Haltung kündigen würde). Ich hätte keine grossen Verluste, bis vielleicht auf mein Selbstwertgefühl. Ich hätte aber ein großes Maß an Reue und Ungewissheit. Denn ich würde nie erfahren, was aus mir und meiner Vision geworden wäre. Wäre sie das ganz große Ding geworden? Hätte ich mit meiner Vision andere Menschen begeistern können? Wäre ich vielleicht endlich dort, wo ich mich schon immer gesehen hatte?

Wenn du ernsthaft dein eigenes Ding durchziehen willst, werden deine kommenden Tage, Wochen und Jahre von Eigeninitiative nur so geprägt sein. Du hast zwar das Privileg, dass dir keiner mehr über die Schultern schaut und das du niemandem mehr Rechenschaft schuldig bist, jedoch wird auch nichts mehr passieren, wenn du nicht selbst deinen Hintern hochbekommst. Eines der altbewährten Probleme eines jeden Selbständigen ist zum Beispiel das Aufschieben von unangenehmen und komplizierten Aufgaben. Deine Idee kann noch so genial sein, deine Produkte können noch so viel Umsatz versprechen, deine Gedanken können noch sehr für Diskussionen und Kopfnicken in deinem Publikum erwirken – wenn du sie nicht nach außen trägst, wird keiner je von ihnen erfahren und alles ist für den Eimer. Wenn du aber warten möchtest, bis der Prinz auf seinem Pferd vorbeireitet um dir den Masterplan zu präsentieren, dann musst du echt viel Zeit haben. Denn mal ganz realistisch gesehen, wie hoch ist wohl die Wahrscheinlichkeit, dass dich jemand entdeckt, wenn du deine Leidenschaft für dich in deinem stillen Kämmerchen behältst und ihr nicht einmal eine Chance auf Erfolg gibst? Du musst dich zeigen und du musst Eigeninitiative an den Tag legen. Jeden. Einzelnen. Tag. Warte nicht darauf, bis dich jemand entdeckt. Das hast du gar nicht nötig! Denn du bist gut, so wie du bist. Und du hast es nicht nötig, darauf zu warten, bis sich jemand das Recht herausnimmt, über dein Können zu richten. Du hast es auch generell nicht nötig auf jemanden zu warten. Irgendjemand, der von deinem Konzept womöglich gar keine Ahnung hat. Wenn du etwas willst, dann hol`es dir. So einfach ist das. Verpasse nicht deine Chance, wenn sie sich dir bietet, du weißt nie ob und wann sie wieder kommt. Du musst riskieren, das ist fix, aber sei nicht zu kritisch mit dir. Stelle dir ebenso diese drei Fragen, und du wirst sehen, dass es nichts gibt, dass nicht wieder auszubügeln wäre. Und verliere nie den Glauben an dich selbst und deine Fähigkeiten. Verlierst du ihn, verlierst auch ein großes, entscheidungsmächtiges Gut, dass über alles oder nichts entscheiden wird.

Zunächst einmal solltest du dich soweit in den Griff bekommen, dass du dich nicht mehr darum kümmerst, was andere

Leute von dir und deiner Idee halten. Wenn du deine Idee für dich behältst, nimmst du den Menschen die Chance, dich und deine Idee kennenzulernen. Ich bin davon überzeugt, dass jeder Mensch eine Bestimmung auf dieser Welt hat und dass es irgendwo auf dieser Welt Menschen gibt, die genau das brauchen, was du zu bieten hast. Womöglich sind sie vielleicht nicht in deinem direkten Umfeld, aber wenn du deine Idee nicht an die Öffentlichkeit bringst, wird auch sie es nicht erfahren. Ich habe dir erzählt, dass ich früher so meine Probleme hatte, mit meiner Leidenschaft, dem Schreiben, an die Öffentlichkeit zu gehen. Ich hielt mich für eine Nullnummer ohne Talent, Referenzen und ohne das Selbstbewusstsein, gegen die anderen großen Namen anzukommen. Ich versteckte mich tatsächlich lieber und machte im stillen Kämmerlein mein Ding, regte mich aber ständig darüber auf, dass nichts voranging. Konnte es aber auch nicht, da ich ja niemanden an meinem Vorhaben teilhaben liess. Seit ich mich letztendlich getraut habe, meine Geschichte und meine Gedanken öffentlich zu machen und über Dinge zu sprechen, die mir am Herzen liegen, habe ich so viel Feedback von Menschen bekommen, die genau diese Momente mit mir mitfühlen konnten. Auf einmal gab es hunderte Frauen, denen es genau so ging. Wenn du dich für deinen Traum schämst, weil du eventuell Angst hast, dass dich Leute dann nicht mehr mögen würden, möchte ich dir eins sagen: Es spielt keine Rolle, wer du bist, was du machst oder welche Idee du auf den Markt bringst. Die Leute werden dich manchmal ohnehin nicht mögen. Es ist einfach die Realität. Denkst du jeder Celebrity, jeder Politiker, jeder Musiker, jeder Schauspieler und was sie nicht alles sind, denkst du sie haben nur Fans? Stelle dir die Frage, für wen du dein Leben leben möchtest. Lebst du dafür, es jedem recht zu machen, nur geliebt zu werden und nur nach den Vorstellungen der anderen zu leben oder lebst du für dich, deine Bedürfnisse und deinen Traum? Wenn du dich für letzteres entscheidest, solltest du lernen, dass es für dich absolut keine Rolle mehr spielen sollte, was andere über dich und den Business denken.

DER UNABHÄNGIGKEITSSTOLZ EINER JEDEN FRAU

Durch das Internet ist alles viel flexibler geworden und es gibt immer mehr Varianten, die dir erlauben, deinen Traum in die Tat umzusetzen. Frauen haben mittlerweile die besten Chancen ihr eigenes Business und auch ihr eigenes Leben nach eigenen Vorstellungen umzusetzen. Stell dir das alles mal vor 30 oder 40 Jahren vor. Abgesehen davon, dass es damals noch kein Internet gab, war es vielleicht nur gut betuchten Frauen aus einflussreichen Familien gegönnt, eine eigene Karriere zu haben – wenn überhaupt. Du willst ein Buch veröffentlichen? Vergiss Verlage, vergiss Lektoren, vergiss Messen und vergiss, dass es ohne die Hilfe von Außen nicht geht. Du willst ein eigenes Business? Finde Wege, wie du aus einem finanziellen Loch dein kleines Imperium schaffst und lass dich stets von anderen inspirieren, die den Weg schon hinter sich haben. Frauen, die den gleichen Weg gegangen sind können dir noch am meisten beibringen. Warte nicht, bis ein Wunder passiert. Warte nicht auf den richtigen Zeitpunkt – es wird ihn nicht geben. Verlasse dich nicht ausschließlich auf andere und versuche immer soviel wie möglich selbst zu tun. Wenn du es einmal schaffst, dich selbst so aufzuraffen und deinem Baby das Laufen beizubringen, wirst du das nächste Mal zwei mal überlegen, ob du externe Hilfe überhaupt nötig hast.

Wenn Selbstverwirklichungsjunkies heut zu Tage geboren werden, möchte jeder dass seine Idee so extravagant und einzigartig ist, dass man sich von der Konkurrenz abheben kann. Vor allem, wenn man in einen Markt einsteigt, der von Angeboten nur so übersättigt ist. Doch wie finde und bezeichne ich das Besondere, wenn ich nicht mal weiss, ob ich so etwas überhaupt habe? Man spricht hier üblicherweise von dem gewissen Etwas, den Faktor X, der dich und deine Idee zum einzigartigen Projekt macht. Etwas, dass deine Geschäftsidee besonders macht, dich aus der Menge herausstechen lässt und einen Wiedererkennungswert aufweist. Denkt man an Social Media, geht der erste Gedanke zu Facebook, denkt man an Gummibärchen, geht der erste Gedanke an Haribo, denkt man an Taschentücher, geht der erste Gedanke an Tempo, denkt man an die Filmindustrie, geht der erste Gedanke an die Universal Studios und Hollywood. Und das, obwohl es so viele andere Unternehmen und Produktionen auf dieser Welt gibt, die das Gleiche tun. Verstehst du was ich meine? Also, wie finden wir das Alleinstellungsmerkmal und das gewisse Etwas für dich?

Arbeite an deinem ersten Eindruck

Oh, ich sage dir, der ist so etwas von entscheidend. Einmal verbockt, tust du dir aber so was von schwer, das wieder gerade zu biegen. Das Aushängeschild deines Unternehmens bist in erster Linie du. Nicht dein Produkt, nicht dein Logo, nicht deine Mitarbeiter, sondern du. Auch wenn bei all diesen Dingen die ersten Berührungspunkte liegen, stammt das Konzept immer noch aus deiner Feder, folgt deiner Vision und liegt in deiner Verantwortung. Wenn du es schon mal geschafft hast, mit deinem Auftreten und deinem Charme zu punkten, hast du schonmal eine sehr gute Basis geschaffen, damit die Leute sich an dich erinnern. Was aber nicht heissen soll, dass es reicht, einfach nur ein netter und sympathischer Mensch zu sein. Auch wenn das sicherlich lobende Tugenden sind, lassen sich damit noch keine entscheidenden Erfolge erzielen – Business ist immer noch Business. Von tollem Aussehen und Sympathie allein kann man sich als Entrepreneur nichts kaufen. Du musst überzeugen! Und das mit Aktion, nicht mit Worten!

Sei mal ganz ehrlich zu dir selbst und schätze, wie oft dir am Tag nette Menschen begegnen. „Guten Morgen", „Auf Wiedersehen", „Dankeschön" oder „Einen schönen Tag noch!". Nett oder? Ja klar. Aber an wie viele dieser Menschen wirst du dich tatsächlich über Tage, Wochen, Monate oder sogar Jahre zurückerinnern? Wie viele von diesen Menschen, werden mit ihrer Freundlichkeit tatsächlich dein Leben zu positiven wenden? Kein Mensch wird sich über lange Sicht an dich erinnern, wenn du einfach nur nett bist. Du wirst ihnen erst dann im Kopf bleiben, wenn du etwas für sie getan hast. Menschen bekommen am Tag zig Komplimente hinterher geschmissen. Meinst du wirklich du bleibst ihnen als einzigartiger Mensch im Kopf, nur weil du ihnen einen schönen Tag gewünscht, ihnen die Tür aufgehalten oder ihnen zum Geburtstag gratuliert hast? Das hören sie 1000 Mal am Tag! Um Erfolge zu verzeichnen wirst du an dem gemessen, was du ablieferst und nicht an den grossen Reden, die du schwingst. Was du anbietest, sollte den Zweck erfüllen, Menschen zu helfen und Probleme zu lösen und nicht um Umsatz zu generieren. Um deinen ersten Eindruck also zu stärken, punktest du am besten, wenn du ihnen als Kennenlernhappen freien Mehrwert schenkst, also irgendetwas, dass sie nichts kostet aber dennoch deine Kompetenzen, deine Werte und deine Vision widerspiegelt. Wenn du es schaffst, dass du deine Interessenten schon gleich mit dem Eindruck an Bord bekommst und ihnen damit schon in gewisser Art und Weise eine Lösung für ihr Problem bieten konntest, was denkst du wie sie reagieren, wenn folgende Frage aufkommt: „Wenn das schon so cool war, wie geil muss das erst das kostenpflichtige Portfolio sein?".

Sei kreativ
Nachdem nun die persönliche Seite geklärt ist, hüpfen wir hinüber zu dem kreativen Teil, der dir auf lange Sicht dein Einkommen sichern soll. Wenn du ein Geschäftskonzept entwi-

ckeln möchtest, dass vor Besonderheit nur so strotzt, dann findest du es am besten mit dieser Variante, die dich nicht mal einen Cent kostet: Sei aufmerksam und beobachte. Die tollsten und erfolgreichsten Geschäftsmodelle sind durch Aufmerksamkeit entwickelt worden. Die Erfinder haben die erfolgreichen Produkte entwickelt, weil sie herausgefunden haben, was ihr Umfeld (vielleicht auch unbewusst) gesucht hat. Sei aufmerksam im Alltag, höre deinen Mitmenschen zu und recherchiere. Finde heraus, was die Menschen belastet. Worüber reden Sie? Erfasse ihre Probleme. Wo scheitern sie? Was erschwert ihnen das Leben? Was belastet sie? Was wünschen sie sich und wie kannst du die Lösung des Problems bieten? Wie kannst du ihnen mit deinem Produkt oder deiner Dienstleistung die Last von den Schultern nehmen? Dein Produkt muss allerdings kein physisch materielles Produkt sein. Unter Umständen ist es gar nicht erforderlich, dass man es anfassen und in die Hand nehmen kann. Vielleicht sucht deine Zielgruppe nach mentaler Unterstützung, motivierenden Worten und einen imaginären Fingerzeig in die Richtung, in die sie gehen sollten. Vielleicht warten sie einfach nur darauf, dass ihnen jemand sagt, was sie tun sollen. Oder jemand, der ihnen zeigt, dass sie mit ihren Sorgen nicht alleine sind. Es gibt fast nichts, was es auf dieser Welt noch nicht gibt. Daher versuche nicht zwingend ein Vorreiter zu sein, sondern orientiere dich am Bedarf und modifiziere es so weit, bis du der Meinung bist, dass dir keiner oder sehr wenige nur das Wasser reichen können. Deine Kreativität ist besonders dann gefragt, wenn der Bereich schon stark besetzt wird. In diesem Falle setze dein Alleinstellungsmerkmal indem du deine Persönlichkeit mit deinem Produkt verbindest. Im Paket gibt das die einmalige Mischung, die nur du hast.

WARUM ES SINNVOLL IST KLEIN ANZUFANGEN

Dass die Euphorie bei jeder Selbstverwirklichung am Anfang am höchsten ist, ist kein Geheimnis. Man würde am liebsten alles auf einmal haben, bei den Grossen mitspielen und gleich zum Kreis der Alteingesessenen gehören. Die Realität sieht jedoch leider anders aus. Denn, auch wenn dein Traum großes Potential hat, ist es immer besser unten anzufangen und kleine Brötchen zu backen. Ich bin mir sicher, du hast das Zeug dazu, in absehbarer Zeit bei den Großen mitzuspielen, aber glaube mir, wenn du jetzt gleich in einer Liga einsteigst, die noch eine Nummer zu groß für dich ist, wirst du haushoch verlieren. Hast du schonmal von dem „Big Fish, Little Pond Effect" gehört? Er beschreibt den Effekt, bei dem Menschen sich mit ihren Fähigkeiten besser entwickeln, wenn sie sich der Umgebung mit ihrem Können anpassen. Kleines Beispiel: Wenn du einen Einserschüler in eine Klasse mit lauter Schülern steckst die nicht so gut sind, sticht er aus der Masse heraus. Wenn du ihn aber in eine Klasse voller Eliteschüler steckst, ist er nichts besonderes mehr. Dann ist er nur noch einer von vielen. Das Gleiche gilt auch bei Models in der Fashionszene. Wenn du ein Mädchen mit Modelmaßen in eine Gruppe voller Full-Size-Models steckst, wird sie sofort auffallen, weil sie die einzige ist, die so mager ist, andersrum genau so. Verstehst du was ich dir damit sagen will? Wenn du als Newcomer gleich in den hohen Rängen mitspielen willst, wirst du untergehen. Spiele dort mit, wo du aufgrund deiner Erfahrung hineinpasst und arbeite dich hoch zu diesen Rängen. Keine kleine Band hat es auf Anhieb auf die größten Festivals geschafft, kein Newcomer-Designer gleich auf die Pariser-Fashion-Week und kein ausgelernter Hotelfachmann hat gleich auf Anhieb nach der Ausbildung die Direktion eines Fünf-Sterne-Hotels übernommen. Die Anforderungen an Unternehmen in diesen Riegen sind enorm hoch und wenn du nicht bestehst, wirst du ein eher enttäuschenderes Bild abgeben und gescheitert den Rückzug verkünden müssen. Passe dich deinem Umfeld an und versuche nicht gleich in einer Liga mitzuspielen, der du noch nicht gewachsen bist. Du wirst vermutlich nicht gleich die Millionen an Umsatz machen, oder die enorme Reichweite an Lesern haben, die ein anderer langjähriger Unternehmer vorzeigen kann – obwohl ihr womöglich in der gleichen Sparte unterwegs seid. Je mehr Erfahrung du in deinem Gebiet sammelst und je länger du mit deinem Business am Markt bestehst, um so schneller und effektiver wirst du reifen. Irgendwann lernst du, wie du dich am Markt positionierst, mit welchen Leuten du zusammenarbeiten solltest, wer genau deine Kunden sind und wie viel deine Produkte im Vergleich zum Wettbewerb wert sind. All das musst du aber zuerst herausfinden. Wenn du die Vergleichsgruppe änderst, werden sich auch deine Verhältnisse zu Preis, Leistung, Kundschaft und Wettbewerb ändern. Sei also lieber im Mittelmaß erfolgreich, als in der Elite ein Underperformer.

Als ich vor vielen Jahren davon träumte, als Journalistin zu arbeiten, hätte ich mit Null Erfahrung niemals den Profi-Journalisten das Wasser reichen können. Ich liebte es zu schreiben, aber es war ganz klar, dass ich das Handwerk von der Pike auf lernen musste. Also startete ich mit 27 Jahren erstmal mit einem Volontariat und war somit mit Abstand die älteste in der Medienschule in der Ausbildung, in der Redaktion aber eine der jüngsten. Mittlerweile sind ein paar Jahre vergangen und ich kann ich mit gutem Gewissen behaupten, dass ich zwar nicht alles weiss, aber dass ich zumindest eine Ahnung von dem habe, was ich tue. Früher war es mein Traum für große Frauenmagazine zu schreiben, mich mit Stars zu treffen und den Klatsch und Tratsch von Promis unter die Leute zu bringen. Selbst wenn ich zu Vorstellungsgesprächen eingeladen wurde, mangelte es meist an den fehlenden Referenzen, die mich ziemlich schnell ins Aus katapultieren. Ich hatte einfach nichts vorzuweisen, um ihnen meinen Schreibstil oder mein Gespür für Schlagzeilen vorzuzeigen. Und darum geht es. Um als Experte in deiner Nische gesehen zu werden und das Vertrauen deines Publikums zu gewinnen musst du liefern. In meinem Fall waren dies die Textproben. Du brauchst etwas, dass deinen Kunden, Investoren oder Businesspartnern zeigt, dass deine Idee greifbar ist und funktioniert. Ob du wirklich so gut bist, wie du denkst zu sein, hängt aber nicht nur von deinem tatsächlichen Businesskonzept ab, sondern auch an dem, was du ausstrahlst. Jemand der Selbstvertrauen ausstrahlt und voll und ganz hinter seinem Konzept steht, kriegt wohl schneller den Fuß in die Tür, als jemand der noch sehr unsicher auf den Beinen steht. In dem Moment wenn du daran glaubst, dass du deine Sache gut kannst, wirst du dich einfacher tun, deine gelernten Skills anzuwenden, du wirst offener für Dinge sein, die du noch lernen musst. Du wirst dich in Krisenzeiten besser mit den Situationen auseinander setzen können, weil du einen klaren Kopf hast. Aber auch hier: Übung macht den Meister. Ohne Übung geht nix. Und die holst du dir am besten jetzt, wo nicht gleich alle Welt dir zuschaut und du deine Fehler noch etwas mehr im Verborgenen machen kannst.

Lerne aus Fehlern für deinen grossen Auftritt

Wer am Anfang steht macht Fehler. Das ist nicht schlimm und ehrlich gesagt sogar sehr gut für dich. Du brauchst diese Rüffel um wissen zu können, wie der Hase laufen wird, wenn du erstmal richtig groß im Geschäft bist. Das muss erstmal nichts schwerwiegendes sein, aber selbst kleine Fehler bei der Berechnung der Mehrwertsteuer, technische Knock-Outs beim Aufsetzen deiner Webseite, oder Fehlinvestitionen in einen Kurs, der dir im Nachhinein doch nicht so viel gebracht hat wie erwartet, lehren dich in Zukunft etwas vorsichtiger zu sein. Jetzt, wo du noch am Anfang stehst, wirst du noch viele Dinge gratis oder für sehr wenig Geld tun müssen um an Referenzen zu kommen. Der Zeitpunkt, wenn du dich mit deiner Idee in der vollen Grösse zeigen kannst wird kommen und dann wirst du für dein Können auch entlohnt werden.

Setze dir die richtigen Idole

Ein Idol für den aufstrebenden Gang als Businesseigner zu haben ist nicht nur wichtig, sondern auch sehr vorteilhaft für die Stärkenentwicklung für dich als Businessowner. Dabei solltest du dich aber an den richtigen Personen orientieren und dich nur an den Leuten messen, die für dich greifbar und zeitnah erreichbar sind. Nehmen wir das vorherige Beispiel des Magazins. Wenn du Redakteurin bist oder werden willst, dann wäre es ideal, dich an deinen Vorgesetzten zu orientieren, anstatt an der Ikone Vogue-Chefin Anna Wintour. Sie hat zwar großartiges geleistet, jedoch ist sie durch die Medien auch ziemlich aufgeblasen worden und der reale Redaktionsalltag sieht für sie sicherlich anders aus, als es den Anschein macht. Als jemand, der aus den Medien kommt, kann ich dir sagen, das nicht alles Gold ist was glänzt. Orientiere dich an Menschen zu denen du direkt aufschauen kannst, mit denen du direkt zusammenarbeiten kannst, in Kontakt stehst und wo du wirklich sehen kannst, wie sie das tun was sie tun. Bei Anna Wintour wird das nie passieren. Sie wird dich nicht in ihr Büro nach Manhattan einladen und sich begleiten lassen. Sobald du es aber schaffst, deinem Vorbild auf die Finger schauen zu können wirst du mit jeder Erfahrung reifen. Nicht durch Reportagen und Interviews, die du in Fachmagazinen liest, du brauchst die pure Tranparenz von realen Menschen. Du brauchst die Einsicht in den stressigen Alltag, den Werdegang von Idee zu Umsetzung, du brauchst ein reales Bild von dem was dort passiert und von dem was sich dabei wirklich umsetzen lässt. Nur reale Erfahrungen werden dich Schritt für Schritt lernen lassen und vielleicht hast du das Glück und diese Person stellt sich dir als Mentor zur Seite. Verändere mit ihr deine relative Grösse und baue deinen Marktwert aus. Wenn du solche Personen im Moment nicht um dich herum hast, dann gehe dort hin, wo du sie findest. Gehe dorthin, wo du auf Dauer besser sein kannst, als gewöhnlicher Durchschnitt. Bei all dem, was dir noch bevorsteht, wirst du es dir später danken, dass du dir die nötige Zeit gegeben hast um zu wachsen. Ein Business ins Leben zu rufen, bedeutet sehr viel Verantwortung, vor allem dir selbst gegenüber, die du nicht angeben kannst und auch nicht solltest. Und später wirst du schmunzelnd auf deine ersten Fehler zurückblicken.

„VERDAMMT, ES GIBT NOCH 1000 ANDERE MIT DER GLEICHEN BUSINESSIDEE!"

Stell dir vor, es gäbe auf dieser Welt nur ein italienisches Restaurant, ein Hotel, eine Bank, einen Sänger, einen Fernsehsender, einen Immobilienmakler, einen Blogger oder nur einen Supermarkt. Was würden wohl dann die anderen sieben Milliarden Menschen auf dieser Erde tun? Die Frage des individuellen Konzepts läuft mir immer wieder über den Weg. Und ja, was soll ich sagen, es ist wirklich nicht leicht, die perfekte Nische für sich und sein Business zu finden. Vor allem eine, die vor Einzigartigkeit nur so strotzt. Schließlich gibt es ja schon alles in irgendeiner Form auf dieser Welt. Wie oft stand ich Nachts auf, um eine tolle Businessidee aufzuschreiben, die mir gerade eingefallen war. Am Morgen danach fing ich gleich an zu googeln um erneut zu meinem Entsetzen festzustellen, dass es schon hunderte andere Leute gab, die mit dieser Idee schon was auf die Beine gestellt hatten. Nicht nur, dass es ohnehin schon nervenaufreibend ist, sich selbst unter enormem Druck zu einem tollen Businesskonzept zu zwingen, wenn man dann noch feststellt, dass die Idee womöglich doch nicht so innovativ war, kann einen das schon sehr herunterziehen. Die Sache ist, die komplette Einzigartigkeit brauchst du gar nicht! Es ist durchaus möglich, neben anderen ähnlichen oder sogar gleichen Geschäftsideen auf dem Markt zu bestehen. Du musst nur Möglichkeiten finden, es für dich so zu modifizieren, dass du mit deinem Konzept überzeugst. Wenn du dir die „Konkurrenz" anschaust, wirst du je nach Einflussgrad in eine Schockstarre oder eine kleine Depression verfallen. Du wirst folgenden Gedanken immer und immer wieder verspüren: „Wie soll ich da jemals mithalten oder konkurrieren können?". Die Wahrheit ist: gar nicht. Denn ich glaube nicht, dass es dein Ziel ist, ein billiger Abklatsch von XYZ zu werden, oder? Sieh diese Leute nicht als Konkurrenten, sondern nutze sie zu deinem eigenen Vorteil, indem du sie als Inspirationsquelle nutzt. Nischenverwandte Unternehmen können Goldgruben deiner Inspiration sein. Dort kannst du dir Ideen holen und du siehst was deine Zielgruppe wirklich braucht und sucht. Schau dir an, was bei ihnen gut funktioniert und worauf die Leute anspringen. Das hat nichts mit Kopieren oder Nachmachen zu tun. Nimm dir Ideen von verschiedenen Anbietern und vereine alle auf deiner Seite. So hast du nur das beste vom besten. Es steht nirgendwo geschrieben, dass du nicht Themen behandeln darfst, die ein anderer schonmal behandelt hat. Nehmen wir beispielsweise ein Reiseblogger, der über New York City berichtet. Natürlich darfst du das auch tun, ohne dass es gleich etwas kopiertes ist – solange du es nicht effektiv kopierst. Lass dir etwas besonderes einfallen. Behandele dieses Thema aus einer anderen Perspektive, zeige die Stadt von einer ganz anderen Seite (z.B. bei Nacht). Oder erzähle deine persönliche Geschichte, die du in New York City erlebt hast. Einzigartiger geht`s nun wirklich nicht. Beachte und respektiere einfach immer Urheberechte und Copyrights und mach dein eigenes Ding draus. Es gibt vielleicht schon hunderte die in deiner Nische tätig sind. Die einen professioneller mit hohen Umsatzzahlen, die anderen eher im kleineren Hobbyrahmen. So what? Wichtiger als Leserzahlen und Klicks ist ohnehin die Sympathie, die man mit keinem Geld der Welt kaufen kann. Sympathie kann nicht abgekupfert werden. Sie kann nicht kopiert, nachgeahmt und auch nicht erkauft werden. Entweder man hat sie oder eben nicht. Dein Kunde konsumiert immer zuerst dich und deine Persönlichkeit, bevor er sich deinen Produkten und Dienstleistungen zuwendet. Wenn du jemandem unsympathisch bist, ist es auch eher unwahrscheinlich, dass er etwas von dir kauft. Wenn du also ein ähnliches Produkt anbietest wie einer deiner Mitstreiter, du aber bei deinen Leser mit grösserer Sympathie punktest, werden sie auch eher bei dir kaufen – Punkt. End of Story.

Nutze den globalen Inspirationspool – GRATIS

Weisst du was geil ist? Wenn man von Dingen profitieren kann, die gratis sind! Und die geilsten Inspirationen bekommst du dort, wo der Hase ganz anders läuft. Dort, wo der Markt und das Nutzverhalten der Menschen anders gesteuert sind. Hast du Probleme damit, Ideen und Inspirationen für ein geiles Konzept oder Projekt zu finden? Dann schaue über die Landesgrenzen hinaus. Finde heraus was dort super läuft, aber hier noch nicht realisiert wurde. Suche nach Inspirationen und Ideen und du wirst sehen, wie schnell sich deine Kreativmaschine anschmeisst. Finde heraus, wie du diese Idee perfekt auf dich und dein Business umwälzen kannst und modifiziere. Baue dieses Konzept aus und lasse eigene Ideen einfliessen. „Die Komfortzone verlassen" – hast du dich schonmal intensiv mit der Bedeutung dieses Wortes auseinandergesetzt? Hast du dir mal überlegt, was deine Komfortzone ist, bis wohin sie reicht und wie es sich für dich anfühlt, Träume und Ziele zu leben, die dir vielleicht jetzt noch Angst machen? Erst kürzlich bekam ich eine E-Mail von einer Leserin, die mir schrieb, sie habe eine tolle Vision von den Dingen, die sie in ihrem Leben erreichen möchte, jedoch machen ihr die grossen Schritte der Veränderung Angst. Angst davor zu versagen, zu scheitern, vor finanziellen Engpässen, vor Unsicherheit oder davor, der Grösse des Projektes nicht gewachsen zu sein. Tatsache ist, wenn du es nicht versuchst, wirst du nie Gewissheit haben, ob es die richtige Entscheidung war, deinen Sehnsüchten zu folgen. Wenn du noch ganz am Anfang stehst, vielleicht gerade mal die Vision parat hast, dann stell dich darauf ein, dass ein langer und arbeitsintensiver Weg auf dich wartet. Ausdauer und Disziplin gehören einfach dazu, egal was du tun möchtest. Dazu gehört auch dein wachsames Auge, Kreativität und die Fähigkeit, sich an eine schnelllebige Gesellschaft anzupassen. Nur weil du im Moment noch im Verborgenen spielst, heisst das nicht, dass es so bleiben muss. Wie schnell du mit deinen Aufgaben wächst, hängt nur von dir ab. Habe auch keine Angst vor dem Unbekannten. Oder davor, viele neue Dinge innerhalb kürzester Zeit zu lernen und zu erleben. Vor meinem letzten großen Projekt ging mir auch ordentlich die Düse und ich muss gestehen, obwohl ich tolle Resultate und tolle Momente erleben durfte, war ich diesem enormen Adrenalinschub nicht gewachsen. Ich fühlte mich schnell ausgepowert und konnte meine Erfolgsmomente nicht richtig geniessen. Es fühlte sich an wie auf einer Langzeitreise. Du bist jeden Tag an einem anderen Ort, einem anderen Hotel, hast nur fremde Leute und ungewohnte Umgebungen um dich herum und kommst irgendwie nie wirklich zur Ruhe. Lerne, einen Gang zurückzuschalten, wenn es dir gerade alles zu schnell geht.

BIST DU NEIDISCH AUF DEN ERFOLG ANDERER?

Neid hat einen sehr bitteren Beigeschmack. Meist tritt er dann auf, wenn andere Personen Dinge erreicht haben, die man selbst gerne hätte. Social Media Plattformen sind gefüllt mit den positiven Dingen des Lebens, jeder zelebriert sich und seine Erfolge im höchsten Maße um die gewünschte Aufmerksamkeit zu bekommen. Millionäre zeigen was sie besitzen, Unternehmer zeigen was sie können und Privatpersonen bleiben dabei meist auf der Strecke. Im Normalfall sind sie diejenigen, die die Impressionen des perfekten Lebens verfolgen, ihnen nacheifern möchten und häufig leider ein völlig falsches Bild von der Realität vermittelt bekommen. Denn...

... es ist nicht alles Gold was glänzt

Menschen die alles haben, haben eben nicht alles. Auch sie haben die Weisheit nicht mit Löffeln gefressen, sind verwundbar, haben mit Niederlagen zu kämpfen und haben auch kein Wundermittel für ewige Schönheit auf Lebenszeit. Und auch sie werden irgendwann sterben. Und siehe da, alles ebenso Menschen wie du und ich. Man denke an all die Stars und Hollywood-Sternchen, die zwar mit Geld gesegnet sind, aber dafür zumeist mit sozialen Brennpunkten hinter verschlossenen Türen zu kämpfen haben. Sie haben oft den Boden der Realität verlassen, sind nicht mehr im Stande, ungestört den Wocheneinkauf zu machen, haben keine, wenige oder die falschen Freunde und ihr Leben wird abseits der Leinwände von der Presse auseinander genommen. Sie dürfen sich keine Fehltritte leisten, haben den Druck, immer gut aussehen zu müssen und kriegen es oft psychisch nicht gebacken, wenn sich ihr Ruhm mit den Jahren verflüchtigt. Sie haben alles, jedoch haben sie eines oft nicht: Die mentale Stärke, Hochs und Tiefs meistern zu können. Nicht selten hört sogar der Familiensinn bei Geld und Macht auf. Und jetzt frage ich dich, ob es das ist, auf das es sich lohnt, neidisch zu sein? Sicher, nicht alle erfolgreiche Menschen sind psychische Wracks und gehören in die Psychiatrie und das Bild das ich aufgezeigt habe, war bewusst sehr überdramatisiert, aber ich möchte dir damit zeigen, dass es immer zwei Seiten der Medaille gibt. Die eine ist wunderschön, glänzt und gleicht dem Paradies, während die andere mit Selbstbewusstsein, Vertrauen, Stärke, Herz und Vernunft zu tun hat. Es ist nicht alles so toll wie es aussieht und alles hat auch seine Schattenseiten. Du wirst entscheiden müssen, wo du deine Grenzen setzt. Diese sind wichtig, dass du unterwegs nicht deinen Kopf verlierst.

... du siehst lediglich das Ergebnis einer langen Prozedur

Wer Dinge erreicht hat, auf die andere neidisch sind, ist meist selbst durch die Hölle gegangen und hat mit dem Teufel zu Mittag gegessen. Erfolg ist kein permanenter Zustand, keine Lebensmomentaufnahme, sondern ein Resultat aus harter Arbeit und Engagement und ein Mix aus Risikobereitschaft, Mut und einer genialen Idee, die nicht im Keller zum einstauben zurückgelassen wurde. Und ich wünsche mir, dass du dir das zu Gemüte führst. Das Gute daran ist, dass Erfolg nicht nur für bestimmte Personengruppen gemacht ist. Wenn du dir wünscht, mit deinem Business erfolgreich zu sein, kannst auch du dir einen Platz an der Sonnenseite sichern, sofern du bereit bist, dafür deine Hausaufgaben zu machen. Wenn du etwas vom grossen Kuchen abhaben möchtest, liegt es in deiner Hand, das ganze anzugehen und einen Schritt nach dem anderen zu setzen. Offen mit Neid umzugehen, ähnelt schon fast einem Eingeständnis, dass man etwas tut, das sich nicht gehört. Leider kommt er in allen Lebensphasen vor und hört nie auf. Man kann auf alles und jeden neidisch sein. Auf das neue Auto des besten Freundes, die Bilderbuch-Familie der Nachbarn, die Weltreise der Schwester oder den Lottogewinn vom Onkel und der Tante. Auch im Businessbereich, vor allen Dingen in den höheren Rängen, ist das Thema nicht unter den Tisch zu kehren. Neid auf den Erfolg der Kollegen, den guten Draht zum Chef, der Lohnerhöhung, die Beförderung, den Auslandseinsatz, den man selbst antreten wollte und nicht zuletzt Neid auf Geld, dass man selbst nicht so locker sitzen hat und immer besser brauchen könnte. Wenn du ständig neidisch auf das bist, was andere besitzen oder erreicht haben, begehst du damit einen grossen Fehler und siehst dich selbst als Mensch zweiter Klasse. Du redest dir ein, jemand sei besser, hätte mehr verdient und dass du es nicht würdig seist, an der Stelle dieser Person zu stehen. Und das ist absoluter Quatsch. Du machst dich selbst nur schlecht und das hast du definitiv nicht verdient. Wer neidisch ist, schürt die Gefahr, Situationen und Beziehungen nicht mehr klar deuten zu können. Das Gefühl, etwas haben zu wollen, dass einem im Moment vielleicht noch nicht zusteht, zerstört häufig nicht nur zwischenmenschliche Beziehungen, sondern nagt auch an deinem Charakter. Es gibt Menschen die damit besser umgehen können und es gibt Menschen, die dann nur noch Rot sehen. Spätestens dann fängt die Missgunst an, die dem ganzen Desaster nochmals einen aufsetzt.

Doch wie gehe ich am besten mit Neid um?

Zu allererst musst du lernen, anderen ihr Glück zu gönnen, ganz unabhängig davon, ob sie es verdient haben oder nicht. Du warst nicht bei der Vergabe des Glücks dabei und hast auch nicht das Recht darüber zu richten, wer es verdient hat und wer nicht. Ich weiss, das dies manchmal extrem schwer ist und glaube mir, ich war selbst auch schon in der Situation, wo ich mich gefragt hatte, womit um aller Welt dieser Mensch dies und jenes verdient hat. Aber so sehr es dich auch ärgert, ändern kannst du es nicht. Fakt ist: Es liegt nicht in deiner Hand, wer was bekommt. Wenn du deinen Fokus nun nur noch darauf legst, anderen ihr Glück zu missgönnen und zu verhindern, dass eventuell noch mehr kommen könnte, blockierst du dich selbst. Was wäre nämlich, wenn du deine Chance auf den Jackpot verpasst, weil du zu sehr damit beschäftigt bist, anderen den Garaus zu machen? Dann stehst du ziemlich doof da. Sei sozial, sei fair und lasse dich nicht auf irgendwelche Mätzchen ein. Freue dich stattdessen lieber darüber, dass andere glücklich sind, mit dem was sie haben, auch wenn du es nicht nachvollziehen kannst. Das meine Liebe, ist Charakterstärke.

Was wäre, wenn du eines Tages die eine Person bist, der andere gerne nacheifern würden? Wenn Personen, die du kennst, oder auch nicht kennst, sagen würden: „Ich wäre auch so gerne wie sie. Sie hat soviel erreicht und lebt das Leben, dass ich gerne leben würde. Ich bin total neidisch und würde alles dafür geben". Wäre das nicht ein grossartiges Gefühl, wenn andere so zu dir aufschauen würden? Das würde automatisch auch bedeuten, dass du etwas in deinem Leben geleistet hast, dass für sie pure Inspiration und als etwas begehrenswertes darstellt. Sei ein Vorbild und verdiene dir dein Neid. Im Gegensatz zu dem neidisch sein, ist das „beneidenswert sein" nämlich etwas durchaus positives. Wenn du einer Person nacheiferst, die etwas erreicht hat, dass du dir für dich selbst auch wünschst, dann recherchiere und arbeite. Versuche herauszufinden, welchen Weg sie gegangen ist, welche Kontakte sie geknüpft hat, welche Mentoren sie auf ihrem Weg begleitet haben und womit sie ihre Freizeit verbracht hat. Versuche alles wissenswerte über diese Person herauszufinden. Setze dich mit dem auseinander, was diese Person für dich so bemerkenswert macht. Vielleicht kannst du noch was von ihr lernen. Wenn sich die Möglichkeit bietet, frage direkt an und bitte um ein Gespräch. Erkläre ihr, dass du es toll und bemerkenswert findest, wie sie alles gemeistert und was sie alles erreicht hat und dass du dich freuen würdest, wenn sie dir ein paar Fragen beantworten würde. Wenn nicht, dann setze alle Hebel in Bewegung und gehe dein Ding an. Gerne auch mit kleinen Schritten, mit denen kommst du nämlich auch voran.

WIE DU DIE RICHTIGEN ENTSCHEIDUNGEN FÜR DICH TRIFFST

Unser Leben ist tagtäglich gepflastert mit Entscheidungen, die wir für uns und für andere treffen. Der Grossteil davon sind Entscheidungen, die für uns keinen grossen Stellenwert mehr haben, weil sie automatisiert und wie von selbst getroffen werden. Sie tun keinem weh und gehen einfach von der Hand. Durch immer wiederkehrende Taten, die beispielsweise unsere Morgenroutine, unsere Art uns zu Kleiden oder unser Essverhalten betreffen, haben wir gar nicht bemerkt, wie solche Entscheidungen unseren Lebensstil geprägt haben. Wir sind mit Ihnen aufgewachsen und sind uns gar nicht bewusst, wie selbstbestimmt wir dadurch schon geworden sind. Wenn du morgens statt wie üblich Tee, diesmal einen Kaffee zu dir nimmst, wird das keine grossen Auswirkungen auf dein Leben haben. Wenn du dich aber gegen eine Kooperation mit einem Kunden oder dich für oder gegen eine Selbstständigkeit entscheidest, kann das deine Leben entscheidend verändern. Das eigentliche Problem liegt ja bei den grossen Entscheidungen, vor die wir gestellt werden – freiwillig oder unfreiwillig. Jobwechsel, finanzielle Belange oder lebensverändernde Entscheidungen sind grosse Herausforderungen für jeden von uns. Solche Entscheidungen sind wie ein neues Kapitel in deinem Leben. Bleibe ich Single oder bin ich bereit zu Heiraten, will ich kinderlos bleiben oder will ich Kinder haben. Wenn ja, wie viele? Soll ich wegziehen oder in gewohnter Umgebung bleiben? Kündige ich meinen Job und gebe meine „Sicherheit" auf oder wage ich einen Neuanfang und mache mich selbstständig? So viel Macht macht uns Angst und wir wissen häufig nicht, wie wir reagieren sollen. Welcher Weg wäre der richtige und welcher würde den Untergang bedeuten?

Du triffst schon Unmengen an Entscheidungen selbst – jeden einzelnen Tag. Sie sind zwar kleine, aber du triffst sie. Und wenn du kleine Entscheidungen treffen kannst, kannst du auch grosse treffen. Bei grossen Entscheidungen ist es nämlich nicht anders, ausser dass sie meistens einen grösseren Rattenschwanz hinter sich ziehen und eine ungemeine Bedeutung für dein Lebensausrichtung haben können. Aber genau deshalb, weil so viel daran hängt, solltest du diese Entscheidungen auch für dich selbst treffen können und niemanden anderen das Ruder übernehmen lassen.

Was du davon hast deine Entscheidungen selbst zu treffen? Du bist selbstständig, du bist ein eigenständiger Mensch und du solltest dir auch das recht deiner eigenen Lebensplanung herausnehmen. Die Zeiten, wo dir deine Mutter morgens deine Kleidung aufs Bett gelegt hat oder darüber entschieden hat, was es zum Mittagessen gibt, sind vorbei. Du bist erwachsen und nicht mehr auf die Hilfe von anderen angewiesen. Wenn du selbst entscheiden kannst, wann du wo hin gehst, kannst du auch selbst entscheiden, wie es in deinem Leben für dich weitergeht. Aber wenn du sie nicht triffst, trifft sie ein anderer für dich und dann wird es richtig kompliziert. Wenn du nicht selbst dazu in der Lage bist, selbst zu entscheiden, was du willst und in welche Richtung es für dich gehen soll, wirst du durch die Entscheidungen, die andere für dich treffen, womöglich auf Wege geleitet, die so nicht für dich bestimmt waren.

Was nutzt es dir also, wenn du lernst, deine Entscheidungen bewusst zu treffen?

Allein der Umstand, dass du in der Lage bist Entscheidungen für dich selbstständig zu treffen, hebt dich in eine Liga, wo kein anderer mitreden kann. Hier geht es noch nicht mal darum, ob sie dir richtigen oder die falschen sind, das wird sich immer erst im Nachhinein herausstellen. Allein aber, dass du dich für eine Richtung entschieden hast, verleiht dir eine enorme Kraft.

Wenn du also lernst, Entscheidungen für dich zu treffen, wirst du ...

... selbstbestimmter leben
... dein Selbstvertrauen steigern
... eine grössere Unabhängigkeit geniessen
... flexibler in deiner Lebensplanung
... und ein unabhängigeres Leben führen

Höre auf ständig nach der Meinung anderer zu Fragen

Ich kenne in meinem Umkreis viele Leute, die sehr unsicher sind und für jede noch so kleine Entscheidung, eine zweite und dritte Meinung einholen müssen. Ich sage nicht, dass eine weitere Einschätzung verkehrt ist, aber sie sollte eben auch nur eine weitere Einschätzung bleiben. Andere Menschen haben andere Prioritäten in ihrem Leben. Sie werden beeinflusst durch Sympathie, die eigenen Lebensumstände, Lebenserfahrungen, Bauchgefühl, Angst, Risikobereitschaft aber auch Neid. Sie können also gar keine Entscheidung für dich fällen. Wenn du nun vor der Entscheidung stehst, dein eigenes Business auf die Beine zu stellen und du eine Person fragst, die in ihrer Selbstständigkeit schlechte Erfahrungen gemacht hat oder vielleicht sogar als Unternehmer schon einmal gescheitert ist, wird sie dir wohl eher abraten oder nur die negativen Momente preisgeben. Wird sie von guten Zeiten berichten? Wahrscheinlich nicht, sonst wäre sie ja heute noch ihr eigener Chef. Wenn du eine Kreuzfahrt planst und Freunde fragst, die selbst schon eine Kreuzfahrt mit eher schlechteren Erinnerungen hinter sich haben, werden sie dir höchstwahrscheinlich keine Kreuzfahrt empfehlen. Vielleicht basieren diese schlechten Erfahrungen auch einfach nur auf Seekrankheit, der falschen Reiseroute, persönlichen Präferenzen beim Essen an Bord oder einer schlecht gelaunten Crew. Gebrannte und gescheiterte Menschen sind nicht die idealen Personen um über deine Zukunft zu reden, auch wenn sie Erfahrung mitbringen. Wenn du daher unbedingt auf Erfahrungswerte zurückgreifen möchtest, dann orientiere dich an den Menschen, die positives zu berichten haben. Sie werden dich zu deinem Schritt ermutigen, dich aber auch vor Fettnäpfchen warnen. Wenn es bei dir im Leben drunter und drüber geht und du nun vor der Entscheidung stehst, dir selbst mit deiner Selbstständigkeit einen grossen Traum zu erfüllen, solltest du immer berücksichtigen, dass eine Selbstständigkeit nicht jedermanns Sache ist und viele mit diesem Schritt auch einfach gar nichts anfangen können. Es gibt sie, die Personen, die sich nie vorstellen könnten ihr eigener Chef zu sein und sich mit dem zufrieden geben, was sie haben. Die Beweggründe sind so verschieden wie Fingerabdrücke. Sie sind vielleicht nicht bereit, Risiken in dem Maße einzugehen, weil sie sich selbst unsicher sind oder sich mit dem Lebensstil, der dir vorschwebt, nicht identifizieren können. Diese Menschen haben einfach andere Pläne.

Höre auf deine Intuition.
Du hast sie, also nutze sie.

Ich bin ein extremer Bauchmensch. Alle Entscheidungen, die ich in meinem bisherigen Leben getroffen habe, gute wie auch schlechte, habe ich mit einer grossen Portion Bauchgefühl getroffen. Und die meisten davon, sind auch in meinem Sinne ausgegangen und haben ein positives Ende gefunden. Diejenigen, die sich im Nachhinein als nicht so prickelnd herausgestellt haben, haben aber trotzdem ihren Dienst erwiesen. Sie haben mir gezeigt, dass ich manche Dinge einfach nicht für mich bestimmt sind. Und das ist auch ok. Eigentlich habe ich gerade von diesen Fehlentscheidungen am meisten für mein

Leben gelernt. Ganz nüchtern gesehen, profitieren wir von unseren Entscheidungen nämlich erst dann, wenn wir aus ihnen auch Erfahrungen machen und lernen konnten. Wenn du also eine wichtige Entscheidung für dich triffst, hast du in erster Linie noch nichts kaputt gemacht, ganz egal, wo du vorher warst, wie gross die Veränderung sich herausstellen sollte und welche Konsequenzen sie mit sich trägt. Es geht immer nur um das, was hinterher passiert und wie du mit dem Ergebnis umgehst. Eine ausgeprägte Intuition zu haben, ein Bauchgefühl, gibt dir die uneingeschränkte Freiheit, darüber zu entscheiden, ob sich diese Veränderung für dich gut anfühlt oder nicht. Und solange dieses Bauchgefühl dir Schmetterlinge im Bauch bereitet, solltest du ein Ja immer in Betracht ziehen. Wenn du eher ein negatives oder unsicheres Gefühl verspürst, wird es zu deiner Aufgabe werden, dein Ziel so weit zu modifizieren, dass es komplett in den grünen Bereich verrutscht. Es geht immer nur um das Resultat. Nicht die Entscheidung an sich ist der Knackpunkt, sondern das Gefühl hinterher, wenn du dich dafür oder dagegen entschieden hast und mit deiner Entscheidung leben musst.

Wenn du also in der Situation bist, dass du vor einer grossen Entscheidung steht, aber noch nicht weisst wie du handeln sollst, dann stelle dir selbst folgende Fragen:

- Was würde diese Entscheidung für die Umsetzung deiner Vision bedeuten?
- Was sind die Beweggründe, die dich vor einer klaren Entscheidung abhalten?
- Ist die Entscheidung mit deinen Werten vereinbar?
- Was würde passieren, wenn du ja sagst? Was, wenn nein? Und was wäre schlimmer für dich?

Entscheidung getroffen, was nun?

Wenn du dich einmal entschieden hast, dann stehe auch felsenfest hinter deiner Entscheidung. Lasse dich nicht wie ein Blatt im Wind herumtragen und dich bei Gegenwind gleich aus dem Konzept bringen. Rechne damit, dass es Leute gibt, die mit deiner Entscheidung nicht leben können und möchten. Hier ist nun deine Schlagfertigkeit und dein Selbstbewusstsein gefragt. Wichtig ist, rechtfertige dich nie für etwas, dass dir wirklich gut tut! Rechtfertige dich nie für etwas, dass dich glücklich macht, dich zu Hochformen pusht und dir ein Leben ermöglicht, dass du dir bisher nur in deinen Träumen vorstellen konntest. Es geht hier um dich – nur um dich. Sei dir auch bewusst, dass du für sämtliche Konsequenzen deiner Entscheidung gerade stehen musst. Du trägst für dich selbst die Verantwortung. Wenn du aber weisst, für wen du es tust, warum du es tust und was deine Beweggründe für deine Entscheidung waren, wird es für dich ein Leichtes sein, das beste aus deiner Entscheidung zu machen. Du bist kein Kind mehr und kannst geistesgegenwärtig handeln, und da du mittlerweile auch Unternehmerin bist, musst du felsenfest von dem überzeugt sein, was du tust. Natürlich darfst du deine Entscheidungen jederzeit überdenken, nichts ist in Stein gemeisselt. Achte aber nur immer darauf, ob und wie viele Leute von deinen Entscheidungen direkt oder indirekt betroffen sind und welche Auswirkungen deine Umentscheidung auf ihr Leben haben könnte.

Sage es nicht einfach nur, sondern meine es auch so

Wir kennen alle die Vorsätze, die zum Jahreswechsel zu Unmengen in die Welt posaunt werden. In der Regel halten sie zwei bis drei Wochen, dann achtet keiner mehr so wirklich auf deren Umsetzung. Wenn dir aber deine Selbstverwirklichung wichtig ist, solltest du dich an Ansprachen mit deinen Zukunftsplänen halten. Auch wenn es hier nicht darum geht, es irgendjemandem zu beweisen, geht es hier um dich und dein Leben. Wenn du wirklich willst, dass sich in deinem Leben etwas ändert, bist du nicht nur der Entscheidungsträger, sondern auch gleichzeitig die Person, die dir auf die Füsse treten muss, wenn deine Disziplin und Euphorie nach ein paar Wochen nachlässt. Entscheidungen aufzuschieben ist nichts Neues, vor allem wenn es um Dinge geht, die gross, langwierig und komplex in der Umsetzung sind. Du musst aber eines bedenken: egal wie toll dein Traum ist, du wirst früher oder später an einen Punkt kommen, wo die Aufgaben, keinen Spass mehr machen werden. Sie sind aber Teil des Masterplans und gehören zur Umsetzung dazu. Lässt du diese Dinge schleifen, lässt du dein ganzes Projekt schleifen. Ausserdem werden Dinge, die wir aufschieben, mit der Zeit nicht einfacher. Im Gegenteil, sie können deine Situation drastisch zuspitzen. Wenn du unzufrieden bist, solltest du nicht erst warten, bis sich deine Unzufriedenheit in eine Depression entwickelt und wenn du knapp bei Kasse bist, solltest du nicht erst warten, bis du einen unberechenbaren Schuldenberg aufgebaut hast. Zeit ist ein Faktor, der unvergleichbar unberechenbar ist und nicht wieder rückgängig gemacht werden kann. Egal, was du in deinem Leben alles verloren hast, was schief gegangen ist oder wo du dich lieber anders entschieden hättest, wenn du die Gelegenheit nicht beim Schopf packst, wenn die Zeit dafür reif ist, wirst du wertvolle Zeit in deinem Leben verlieren, in denen du die Dinge tun kannst, die du liebst.

Orientiere dich an dem, was andere in deiner Situation getan haben.

Mit ist bewusst, das unglückliche Zeiten einen Menschen lähmen können. Keine Motivation, kein Selbstbewusstsein und das Gefühl, dass alles Glück an einem vorbeizieht, sind sehr verletzend. Deshalb braucht es auch spezielles Fingerspitzengefühl um einen unglücklichen Menschen wieder auf die Beine zu helfen und ihm den richtigen Weg oder zumindest eine Alternative aufzuzeigen. Was aber vielen nicht bewusst ist, ist dass gerade in diesen Momenten die Wirkung der Übernahme der Eigenverantwortung als wertvollsten ist. In den Momenten, in denen der Mensch am Boden ist, sieht er jegliche Besserung als ultimativen Triumph, auch wenn die Erfolgserlebnisse noch so klein sind. Daher ist es nicht nur wichtig, sondern unabdingbar, dass man sich in genau diesen Situationen selbst bewusst macht, was man vom Leben erwartet und wie der Weg zum Idealzustand gepflastert werden könnte.

Kleines Beispiel: Vor meiner Zeit im Journalismus war ich als Marketing Managerin in einem mittelständischen Unternehmen angestellt. Ich arbeitete fast zwei Jahre in diesem Unternehmen und bekam schliesslich an einem Tag unvorbereitet die Kündigung auf den Tisch mit der Begründung, dass sie aus wirtschaftlichen Gründen Personen entlassen müssten. Es hatte mich eiskalt erwischt und ich machte mir Vorwürfe und fragte mich was ich falsch gemacht hatte. Warum ich? Hatte ich mich nicht genug bemüht? Ich hatte mich immer bemüht, tolle Leistungen zu erbringen und setze mich ein. Und dann das. Was sollte ich nun machen? Ich war arbeitslos für vier Monate. Schrieb Bewerbungen in Massen und bekam eine Absage nach der anderen. Eines Tages kam mir der Gedanke, warum ich nicht meinen Traum von Schreiben professionell verfolgen sollte. Ich war mittlerweile sowieso schon am Tiefpunkt angelangt, also was sollte mir den noch schlimmeres passieren? Was ich also tat, war folgendes: Ich wusste, dass ich nicht genug Referenzen und keine professionelle Ausbildung im Journalismus vorzuweisen hatte, welche mir eine Tür als Redakteurin öffnen konnten, also fasste ich den Entschluss, es ganz unten zu versuchen. Ich bewarb mich mit 27 als Volontärin, einer Ausbildung zur Journalistin, die im Normalfall wesentlich jüngere auf dem Schirm hatte. Das war mir aber egal. Alles sollte besser sein, als frustriert daheim zu sitzen und mich in Selbstmitleid zu ertränken. Ich war bereit, einige Schritte zurückzustehen, weil ich es mir zugestand, in meinem Leben das zu tun, was ich liebte. Ich war bereit, eine Entscheidung zu treffen, die mir zwar nicht leicht fiel, aber die über meine Zukunft und die Art wie ich mein Leben leben würde, entscheiden sollte. Ich wusste, ich würde finanzielle Engpässe haben, ich wusste, ich würde in einigen Sachen zurückstehen müssen und natürlich hatte ich auch Angst davor, die falsche Entscheidung zu treffen. Also unterhielt ich mich mit meinen Eltern, mit Freunden und mit Bekannten. Ich erklärte ihnen meine Situation. Allesamt stellten sie die gleichen Frage: „Du willst ernsthaft noch mal eine Ausbildung machen? Du warst doch schon so weit. Hab doch einfach noch ein bisschen Geduld mit deinen Bewerbungen, es wird sich schon noch etwas ergeben". Ich wollte aber nicht, dass sich „irgendetwas ergibt". Meine Kündigung hatte sich auch einfach so ergeben und ich war es einfach leid mich am Boden zu sehen und mir jeden Abend die Frage zu stellen, welche Firma ich wohl noch anschreiben konnte. Was sie nicht sahen, war nämlich die Seite, die mit materiellen Dingen nichts zu tun hatte. Ich brauchte zu dem Zeitpunkt etwas, dass mich aufbaute und aus einer Krise herausholte und nicht etwas, dass mich wieder zweckmässig beschäftige. Ich war nie und bin nach wie vor nicht der Typ „Lohnempfänger", der sich mit Dingen zufrieden gibt, die „sich ergeben". Ich verbringe den grössten Teil meines Lebens an meinem Arbeitsplatz und will meine Arbeit daher lieben lernen. Ich will morgens nicht mit Bauchschmerzen in die Arbeit gehen, oder überlegen müssen, was ich wieder vorgaukeln kann um ein Attest von meinem Arzt zu bekommen. Ich bin einfach nicht der Typ Mensch, der mit dem Strom mitzieht und auf den hinteren Rängen sitzt, solange die Kohle passt. Ich schrieb also meine Bewerbung für eine Stelle als Volontärin. Ich musste den Grund für meine Anwärterschaft als 27-jährige plausibel und mit Nachhaltigkeit begründen können. Ich wollte nicht, dass sie mich als gescheiterte Arbeitnehmerin sahen, sondern als eine Person, die für ihren

Traum auch bereit war zurückzustecken und ganz unten anzufangen. Ich musste ihnen beweisen, dass das richtige für meinen Lebensweg ist. Und der Überzeugung bin ich nach wie vor. Ich konnte mich schon immer für erfolgreiche Frauen begeistern, die selten aalglatt und ohne Probleme ihr Leben meisterten. Ich konnte am meisten von ihnen lernen, wenn sie Umwege gehen mussten. Immer dann, wenn ihr Leben durch ihre Charakter- und Entscheidungsstärke enorm geprägt wurde. Das Leben hat so seine Mätzchen in der Hinterhand, die dich auf die Probe stellen, dich kurzfristig verzweifeln lassen, die dich aber auch zum richtigen Zeitpunkt, wieder auf den richtigen Weg bringen, wenn du nur die Augen dafür aufhältst. Du darfst nicht gleich in jedem schlechten Moment, das negative sehen, sondern musst als Lebenskünstler lernen, dass beste aus jeder Situation zu ziehen. Erkenne deinen Wert und sei dir sicher, wer du bist, wer du sein willst und wo du hin willst. Diese Werte werden dich bei deiner Entscheidungsfindung enorm unterstützen. Wenn du etwas wirklich tun möchtest und du aufgrund deiner Ängste noch unsicher bist, dann überlege was dich davon abhält. Wenn kein Punkt dabei ist, der sich absolut negativ auf dich und dein Leben auswirken könnte, dann tue es. Ein Restrisiko bleibt schliesslich immer.

Kapitel 3: Kontrolliere dein Umfeld

Wer entscheidende Veränderungen in seinem Leben erwartet, wird sich auch darauf einstellen müssen, dass sich das soziale Umfeld drastisch verändern wird. Es tut mir leid, wenn ich dir das jetzt so vor den Kopf knalle, aber sehr wahrscheinlich wirst du dich im Laufe der nächsten Jahre von ein paar Menschen verabschieden müssen und du wirst zusehen, wie sich ziemlich zügig die Spreu vom Weizen trennen wird. Der Grund dafür ist, dass es immer Leute geben wird, die nicht nur mit deiner Vision nichts anfangen können, sondern die es recht wenig interessiert, was du zu sagen hast. Damit du aber trotzdem an deiner Selbstverwirklichung arbeiten kannst, musst unbedingt aufhören darüber nachzudenken, was andere über dich und dein Vorhaben denken. Lass dich niemals von der Meinung anderer Leute beeinflussen, wenn du selbst von deinem Konzept überzeugt bist und versuche auch nie, es allen recht machen zu wollen; erstrecht nicht, dich zu verstecken. Früher oder später wirst du für Aufsehen sorgen und die Leute werden sich über dich den Mund zerreissen. Ob positiv oder negativ kannst du ohnehin nicht beeinflussen.

Weisst du noch, wie deine Eltern früher zu dir als Kind gesagt haben, du sollst in der Öffentlichkeit stillsitzen und nicht laut sein, damit die Familie nicht auffällt? Im Endeffekt spiegelt sich das nun hier wieder, jedoch mit einem Unterschied: Diesmal bist du diejenige, die dich selbst ausbremsen will. Nun sollst du laut sein und Aufmerksamkeit auf dich ziehen. Naturgegeben ziehen laute Menschen jedoch nicht nur Applaus und Anerkennung auf sich. Als ich in meine Selbstverwirklichung startete, befolgte ich einem Rat, den mir meine Mentorin und viele andere Leute gegeben hatten. „Werde laut und lass die Welt wissen, dass es dich gibt!". Ok, dachte ich mir, kann ja nicht so schwer sein. Jedoch war mir da noch nicht bewusst, dass meine Message, die ich mit erhobenen Haupt verkünden wollte, nahezu niemanden interessierte. Also wirklich, nahezu niemandem. Ich redete mit meiner Familie, mit meinen Freunden und wurde auch aktiv in den Sozialen Netzwerken. „Ich mache jetzt mein eigenes Magazin auf!". Das hätte ich genauso auch auf einem leeren Maisfeld durch ein Megaphon brüllen können. Die Resonanz war nämlich gleich Null. Irgendwie hatte ich mir mehr erwartet, als ein nichtsaussagendes „Aha! Viel Glück". Irgendwie hatte ich erwartet, dass mehr Feedback kommt, mehr Rückfragen. Einfach Interesse an dem grossen Ding, dass ich nun endlich angehen wollte. Monate gingen ins Land und die Stimmung in den Gesprächen änderte sich allmählich. Die Leute sahen mit der Zeit, dass es sich nicht nur um leeres Geschwätz handelte, sondern dass ich das Vorhaben wirklich erst nahm und fleissig an der Umsetzung arbeitete. Ich und mein Laptop waren unzertrennlich (sind wir übrigens heute immer noch) und wenn man mich fragte, wie es beruflich so lief, redete ich überhaupt nicht mehr über meinen Hauptjob als Journalistin, sondern über mein Herzensprojekt Mrs Globalicious, dass ich nun zu meinem kleinen Imperium aufziehen wollte. Mittlerweile konnte ich nun auch die Menschen, die an mich glaubten und sich mit meinem Plan irgendwie arrangiert hatten, von denen unterscheiden, die mich nach wie vor für eine Spinnerin hielten. Eine Zeit lang beschäftigte es mich wirklich sehr, da ich den Zweiflern immer und immer wieder versuchen wollte zu erklären, was es genau war, was ich da vorhatte, aber ich fand keinen Zugang zu ihrem Verständnis. Verflixt! Es ging mir nahe, ich war verletzt und machte mir intensiv Gedanken darüber, wie ich sie davon überzeugen konnte, dass mein Business wirklich was cooles werden würde.

Eines Tages stiess ich auf ein Video eines deutschen Speakers, in dem er erklärte, wie man es schaffen würde sich von Gleichgesinnten Menschen zu umgeben, wenn man solch eine Unterstützung in seinem Familien- und Freundeskreis nicht erwarten konnte. Die Frage „Muss ich nun wirklich den Kontakt zu meiner Familie abbrechen, nur weil sie nicht an mich glauben?" kam auf. Schliesslich ist es ja immer noch leichter sich von angeblichen Freunden und Bekannten zu verabschieden, als seine Familie ins Nirwana zu schicken. Das Video fand mich gerade zum richtigen Zeitpunkt, da ich mich an einem sehr grossen Tiefpunkt befand. Ich hatte kurz davor eine Auseinandersetzung mit einer lieben, mir nahestehenden Person und fühlte mich so missverstanden. Es nervte mich, dass anscheinend niemand ausser mir das Potenzial meines Projektes sehen wollte. Also kam ich auch ins wanken und hinterfragte alles und jeden kleinen Zipfel, der nur annähernd mit dem Projekt zu tun hatte. In mir kamen tatsächlich Zweifel auf und ich dachte nur noch „Was ist, wenn sie recht haben?". Ich halte es für Schicksal, dass mir diese Botschaft genau zu diesem Zeitpunkt über den Weg lief, denn sie schaffte es, die festgefahrenen Glaubenssätze zu lösen, die mich in der Vergangenheit so extrem beschäftigt hatten. Plötzlich wurde mir bewusst, dass ich da etwas von meinen Mitmenschen verlangte, dass so gar nicht möglich war. Etwas, mit dem ich mich – wäre ich in ihrer Situation gewesen – wahrscheinlich selbst schwer getan hätte. Während ich von meiner Idee mehr als überzeugt war, erwartete ich, dass sich mein Gegenüber gefälligst genauso dafür begeistern sollte. Und das, obwohl er oder sie ja gar nicht die gleichen Leidenschaften teilte, das gleiche Bedürfnis der Selbstverwirklichung verspürte oder die gleiche Motivation für dieses Thema aufbringen konnte, wie ich. Was sollte denn ein Mann mit einem Frauenmagazin, geschweige den mit dem Thema Female Entrepreneurship schon anfangen? Das wäre ja das Gleiche gewesen, wenn ich einem gestandenen Mann auf einer Grossbaustelle einen Lippenstift in die Hand drücken und verlangen würde, dass er sich doch gefälligst nicht so anstellen soll und das Produkt zu lieben hat.

Wir verfallen immer wieder in alte Muster, in denen wir andere von unserer Idee überzeugen wollen und ihnen mit allen Waffen schmackhaft machen wollen, dass wir die ultimative Lösung für das vollendete Glück gefunden haben. Wir wünschen uns, dass sie von unserer Kreativität angesteckt werden und das gleiche Feuer in sich spüren, wie wir es tun. Wir tendieren dazu, grosse Reden zu schwingen, von Selbstverwirklichung zu schwärmen und dass diejenigen, die derzeit auch nur den kleinsten Missmut in ihrem Leben verspüren, zu unserer neuen Religion des Selbstglaubens konvertieren müssen. Wir wollen, dass sie sehen, dass dies der richtige Weg ist um ihr Leben wieder in den Griff zu bekommen und all den Schmerz der Vergangenheit hinter sich zu lassen. Aber manche wollen das ja gar nicht! Zumindest nicht auf diese Art und Weise. Es gibt

Leute, die sind extrem zufrieden mit dem was sie haben und sie wollen auch nichts Neues. Nur weil wir uns, aus unserer Sicht, in einer inakzeptablen Lebenslage befinden und das Bedürfnis verspüren, alles nun ändern zu wollen, muss das ja nicht gleich für alle die richtige Lösung sein. Wir schwärmen von dem Potenzial, dass sich hinter unserer Entscheidung verbirgt und fühlen uns zurückgestellt und/oder missverstanden, wenn unser Feuer bei Freunden und Familie nicht entsprechend weiterbrennt. Und dann werden wir sauer. Es nervt uns einfach, dass manche Leute so engstirnig sind, ein Brett vor dem Kopf haben und dass sie ihren alten Trott nicht für neue innovative Ideen verlassen und öffnen können. Aber müssen sie das denn? Keiner MUSS, nicht mal wir. Es war doch unsere Entscheidung und uns hat ja auch keiner dazu genötigt. Es gilt auch zu bedenken, dass nicht jeder Mensch, der mit deiner Vision nichts anfangen kann, gleich Gift für dein Umfeld ist. Denn es gibt diese Menschen, die dich bedingungslos lieben, nur das beste für dich wollen und sich deswegen Sorgen um dich machen. Genauso gibt es aber auch die anderen, die wirklich Gift für deinen Weg sind und dir den Dreck unter den Fingernägeln nicht gönnen. Zwischen diesen Menschen musst du einfach unterscheiden können. Die Personen die Gift für dein Leben sind, werden dir nichts gönnen, weil sie andernfalls deine Erfolge an ihren Niederlagen messen müssten. Deshalb sind sie in manchen Fällen auch nur deine Freunde, wenn du nicht mehr erreicht hast, als sie. Deine arbeitslosen Freunde, wollen einfach nicht sehen, dass du beruflich erfolgreich bist, deine unzufriedenen übergewichtigen Freunde, wollen nicht sehen, dass du wie geplant dein Wunschgewicht erreicht hast und deine faulen und perspektivlosen Freunde wollen auch nicht sehen, wie du aus eigenem Antrieb etwas wertvolles für deine Selbstverwirklichung getan hast. Sie wollen nicht, dass du Erfolg hast. Sie wollen, dass du dich wie sie weiterhin in Selbstmitleid suhlst um sich selbst besser zu fühlen und nicht das Gefühl zu haben, allein und als Loser dazustehen. Es ist immer einfacher auf der

Couch zu sitzen, sich zurückzulehnen, mit dem Finger auf andere zu zeigen und deren Leistungen zu kritisieren. Viel einfacher, als selbst den Hintern hochzubekommen und es besser zu machen oder ebenfalls der Schöpfer von genialen Konzepten zu sein. Solche Menschen werden so lange unverbesserlich bleiben, bis sie den ernst der Lage begriffen haben und dafür bereit sind, ebenfalls in ihrem Leben für Erfolge zu arbeiten. Welcher Typ Mensch willst du sein?

Wie auch immer, negatives oder nicht erwünschtes Feedback bringt uns gefühlsmässig schnell in eine Schieflage und lässt uns an uns zweifeln. Wir lassen uns verunsichern, weil wir merken, dass andere unsicher sind. Das ist wie bei einem Hund. Wenn er merkt, dass du unsicher bist, wird es in ihm auch kribbelig und er nimmt automatisch die Rolle des Rudelführers an sich. Bleibst du aber sicher und selbstbewusst und gibst ihm das Gefühl der Geborgenheit und Sicherheit, bleibt er ruhig und entspannt an deiner Seite. In den meisten Fällen liegt das daran, dass wir mit unserem Kritiker einfach nicht auf gleichem Level sind. Soll heissen, dass du vielleicht derzeit den Mut zum Risiko aufbringen magst und kannst, aber dein Gegenüber, warum auch immer, noch gar nicht so weit ist. Es gibt keinen gemeinsamen Nenner wenn man so will. Nun könnte man sich fragen, woher es kommt, dass wir unseren Selbstwert von den Meinungen und Gedanken anderer so abhängig machen. Die Antwort darauf wäre: die Anerkennung, nach der sich jeder Mensch sehnt. Jeder möchte sich darin bestätigt sehen, die richtigen Entscheidungen für sein Leben getroffen zu haben und jeder strebt nach Aufmerksamkeit und Wertschätzung. Deshalb ist dieses „Kümmere dich nicht darum, was andere über dich denken" für viele ja auch so schwer. Es ist uns nämlich nicht egal! Natürlich, man fühlt sich immer besser, wenn man ein „Wow, coole Idee" oder einen Schulterklopfer erhält, als wenn man mit Ignoranz oder Gleichgültigkeit konfrontiert wird. Das Problem ist, dass du dich mit deinem Empfinden viel zu sehr von den anderen abhängig machst. Du strebst nach Anerkennung und wenn du die nicht bekommst, wirst du unsicher. Genauso wie du unsicher wirst, wenn etwas schief geht, wovor dich die anderen immer gewarnt haben. Doch es gibt einen Ausweg, der dich lehren kann, besser damit umzugehen. Werde dir bewusst, dass es keine Rolle spielt, ob du Weggefährten oder Unterstützer an deiner Seite hast, denn genau genommen brauchst du die nicht einmal. Natürlich würde es das ganze einfacher machen, jedoch bist du so oder so ganz allein dafür verantwortlich, dass du in deinem Leben die Dinge erreichst, die du dir vorgenommen hast. Am Ende des Tages wirst du immer diejenige sein, die am härtesten für deinen Traum gearbeitet hat und am Ende deiner Tage, wird sich niemand dafür interessieren, ob du das Leben deiner Träume gelebt hast. Du hast die Verantwortung für dein Leben, nicht die anderen.

Nehme Kritik und Feedback auch nie persönlich, wenn du es nicht auf Anhieb schaffst, andere Personen mit deiner Vision mitzureissen. Jeder Mensch hat sein eigenes Päckchen zu tragen und vielleicht haben sie derzeit einfach nicht den Kopf für deinen neuen Lebensabschnitt. Vielleicht können sie aufgrund eigener Problemstellungen oder Herausforderungen deine Emotionen und deine Euphorie nicht so teilen und nachempfinden, wie du es dir gerne wünschen würdest. Wie denn auch? Sie sind nicht du. Sie leben nicht dein Leben. Sie können diesen Schritt niemals emotional so nachvollziehen und mitfühlen, wie du es tust. Stelle dir das Leben wie ein U-Bahn-Netz vor. Jeder Mensch hat aufgrund seiner Lebenserfahrung eine andere Route, andere Stationen und wird von anderen Menschen und Situationen unterschiedlich beeinflusst – selbst deine engsten Familienmitglieder. Ob du sie deswegen gleich aus deinem Leben verbannen sollst? Niemals. Es sei denn, du merkst, dass sie dir wirklich nicht gut tun. Ich behaupte aber mal, dass gerade innerhalb der Familie zumindest der Punkt der Toleranz, vorhanden sein sollte, wenn schon nicht das Verständnis da ist.

Menschen die dich lieben, lassen dich machen und tolerieren deine „Hirngespinste", werden dich deswegen aber nicht gleich aus ihrem Leben verbannen. Man kann füreinander da sein, ohne dass man immer verstehen muss, was der andere macht. Und man kann füreinander da sein, auch wenn man sich selbst am wichtigsten ist. Kenne den Wert deiner Vision und versuche einzuschätzen, ob der Einfluss dieser Person förderlich für dich ist. Wenn du über deinen Traum sprichst und du siehst, dass kein Interesse kommt, dann rede nicht weiter und akzeptiere, dass dies einfach dein Ding bleiben wird.

HAST DU DIE RICHTIGEN FREUNDE AN DEINER SEITE?

Freunde für´s Leben – sie sind wertvolles und kostbares Gut, nötige Unterstützung, Futter für die Seele und die beste Medizin, wenn es darum geht, jede noch so schreckliche Situation zu retten. Sie verschanzen sich mit dir tagelang in deiner Wohnung und stehen nachts mit einer Flasche Schampus und dem Family-Size Becher Schokoladeneis vor der Haustür, wenn die Welt sich mal wieder von der beschissensten Seite zeigt. Sie sind der positive Einfluss, der den Charakter eines Menschen prägt. Die falschen wiederum, können viel kaputt machen. Wenn sich aber die Personen, die für dich das Leben bedeuten, nach und nach von dir abwenden und irgendwann nichts mehr so ist wie es früher einmal war, wirst du dir ziemlich schnell die Frage nach deinen Prioritäten stellen müssen, als dir lieb ist. Wenn du in der Lebensphase steckst, wo alles über nichts und nichts über alles entscheidet, dann brauchst du die richtigen Leute an deiner Seite. Du wirst Motivation im höchsten Sinne für deinen Neuanfang brauchen und jemanden, der dich auffängt wenn du fliegst, aber auch erdet wenn deine Nase zu hoch in den Wolken steckt. Es werden Zeiten auf dich zukommen, die dir Höhenflüge bescheren, Zeiten, die dich durch die Hölle zwingen und Zeiten, wo du einfach alles hinschmeissen möchtest. In diesen Momenten wirst du Freunde an deiner Seite brauchen und es wird sich schnell herausstellen, ob sie für ein Leben an deiner Seite geschaffen sind.

Der Zweifler

In einen Zweifel-Freund wirst du mehr Zeit investieren müssen, als dir lieb sein wird. Er wird an deiner Seite stehen, aber du wirst ihn immer wieder von deiner Vision überzeugen müssen. Er nennt sich Realist und hält von Dingen, die man nicht innerhalb kürzester Zeit real sehen kann, nicht viel. Deine Träumereien toleriert er, aber mitfiebern kann er nicht so richtig. Denn während du so sehr damit beschäftigt bist deinen Traum umzusetzen, wird er dich an allen Ecken und Kanten auf Dinge hinweisen, die du womöglich übersehen hast – auch auf die unnötigen. Risiken geht er selbst nur selten ein und dass du für deinen Traum viel riskieren willst, ist für ihn selbst eine mentale Herausforderung. Du bist ihm wichtig, keine Frage, aber frage dich ob du die Zeit und die Kraft hast, ihn regelmässig von deinem Plänen zu überzeugen.

Das Helfer-Syndrom

Ein Freund mit Helfer-Syndrom ist ebenfalls einer der anstrengenden Sorte. Seine Hilfe ist manchmal angebracht, aber oft artet sie in unnötiger Kritik aus, die nichts mehr mit konstruktiv zu tun hat. Er findet deinen Plan cool, jedoch kann er deinen Weg dorthin nicht nachvollziehen und versucht dich so zu dirigieren, dass du es am besten auf seine Weise machst. Er wird dir immer und immer wieder sagen, wie du es hättest besser machen können anstatt deine Bemühungen einfach mal zu sehen und sie anzuerkennen. Was er nicht so ganz versteht, ist seine Rolle in diesem Spiel. Anstatt als mentale Unterstützung zu agieren, stürzt er ständig aufs Spielfeld und versucht das Spiel nach eigenen Regeln für dich auszufechten. Diesem Freund musst du seine Grenzen zeigen. Gib ihm zu verstehen, dass du ihn liebend gerne bei dir hast, aber das es sich hier noch immer um deinen Traum handelt und du zwar für Vorschläge offen bist, aber die Entscheidungen letztendlich bei dir liegen.

Der Spassvogel

Der Spassvogel ist ein Freund auf den du zählen kannst – zumindest dann, wenn du am Wochenende einen darauf machen willst. Für ihn ist das Leben eine einzige Party, für ernstere Themen ist er aber nicht zu haben. Unter der Woche lebt er locker-flockig sein Leben und du hörst von ihm von Montag bis Freitagmittag nicht sehr viel. Er ist zufrieden mit dem was er hat, lebt von heute auf morgen, verdient sein Geld und gibt es auch gleich wieder aus. Das Thema Verantwortung ist ihm fremd, weder für sich selbst, noch für andere. Wenn er über den Tellerrand schaut, dann beim jährlichen Mallorca-Urlaub, wo es wieder zwei Wochen Non-Stop ums feiern geht. Lebensplanung oder gar ein eigenes Business sind ihm zu stressig, demnach wirst du auf ihn auch nicht zählen können, wenn es hart auf hart kommt.

Der Ich-Mensch

Der Ich-Mensch ist sehr schwer zu händeln und ich bin mir ehrlich gesagt nicht sicher, ob du solche Menschen in deinem Leben haben solltest. Er sieht sich selbst an erster Stelle, dann kommt lange nichts und dann irgendwann vielleicht du. Einen Gefallen tut er dir nur dann, wenn für ihn etwas dabei herausspringt. Der Ich-Mensch ist dein „Freund", solange du nicht mehr erreicht hast als er. Er ist der Inbegriff von Neid und kann sich nur schwer für dich freuen oder für deinen Traum mitfiebern. Ich empfehle dir, dich von solchen Menschen fern zu halten. Sie sind nur ein unnötiges Hindernis und viel zu anstrengend für den Weg, den du noch vor dir hast.

Doch es gibt ihn auch:
Den Fels in der Brandung

Er ist die Art von Freund, den sich jeder wünscht. Seitdem ihr euch kennengelernt habt, seid ihr unzertrennlich, fast schon Seelenverwandte. Wenn ihr euch nicht jeden Tag seht, dann hört ihr euch zumindest am Telefon. Er ist auch derjenige, der mit Schokolade und Schampus nachts um halb zwei vor der Tür steht, wenn dich dein Partner sitzengelassen hat. Zeit ohne einander ist hart, aber ihr respektiert eure Freiräume und ihr freut euch über jede Entscheidung, die jeder für sich trifft. Selbst wenn ihr euch über Wochen, Monate oder auch Jahre nicht seht, ist das Wiedersehen beim jeden Mal so, als wäre nie einer weg gewesen. Deinen Traum findet er grossartig und er wird dich immer und überall unterstützen, selbst wenn er dafür in den Flieger steigen und sich durch den Brasilianischen Dschungel kämpfen muss. Der Fels in der Brandung ist wie eine Löwenmutter und hält dir den Rücken frei, fiebert mit dir und ist die erste Person, die vor der Tür steht, noch bevor die Zusage ins Haus flattert.

In jungen Jahren starten wir mit unseren Freunden meistens gemeinsam bei Null. Wir sind im gleichen Alter, haben die gleichen Interessen, gehen zur gleichen Schule, haben einen gemeinsamen Freundeskreis, fühlen uns wohl und unbeschwert. Stelle dir eine Waage vor, die ausgewogen auf gleicher Höhe mit den jeweiligen Armen steht. Die rechte Seite steht für Dich, die Linke Seite steht für einen oder mehrere Freunde. Während also im Moment – in jungen Jahren – noch alles in Ordnung zu sein scheint und beide Parteien auf einer Wellenlänge sind, wird sich das Waagebild in den nächsten Jahren stark verändern. Nicht nur, dass wir uns in unseren Interessen weiterentwickeln, sondern auch viele unserer Lebensumstände, wie Beziehungen, Jobs, Familie oder auch weitere Freunde, werden diesen Prozess des Gleichgewichts beeinflussen.

In der Regel gibt es in jedem Freundeskreis mindestens eine Person, einen Abenteurer, der den Drang verspürt, etwas anderes, aussergewöhnlicheres und unkonventionelleres im Leben anzusteuern. Für gewöhnlich ist der Abenteurer auch risikoreicher, wenn es um das umsetzen seiner Träume geht und er lässt es sich nicht nehmen, der Umsetzung zumindest eine faire Chance zu geben. Mit all den Jahren und Lebenserfahrungen gerät die Waage also ins schwanken. Mal überwiegt das Gewicht der einen Seite, mal überwiegt die andere Seite. Das kommt daher, dass der Abenteurer, seine Vision über all die Jahre stetig weiterverfolgt und irgendwann an dem Punkt ist, dass er nicht mehr nur darüber redet, sondern ins Handeln übergeht und damit über die Dauer natürlich auch den ein oder anderen Erfolg nach Hause holt. Die Interessen und Ideale seines Lebens verschieben sich und der Rest der zurückgebliebenen Freunde verharrt währenddessen an dem Stand, an dem sie sich schon vor Jahren befunden haben. Auch hier, viele sind einfach zufrieden mit dem, was sie haben und haben auch überhaupt keine Ambitionen Höhenluft zu schnuppern (was durchaus auch in Ordnung ist). Leider liegt es aber oft auch daran, dass ihnen der Mut fehlt, etwas in ihrem Leben zu bewegen. Etwas zu bewegen, dass sie mehr Anstrengungen und Aufwand kostet, als die Bequemlichkeit von dem, was sie in ihrem Leben bisher erreicht haben. Nehmen wir also an du bist der Abenteurer. Der Unterschied in den Lebensvorstellungen wird so gross sein, dass sie dich für überheblich halten oder dir unangemessene Dinge nachreden. Die gute Nachricht ist dabei, dass es nichts mit dir zu tun hat und auch wenn solche Situationen einen emotional stark angreifen können, sollte es für dich kein Grund der Sorge sein. Mache dir klar, dass in diesem Moment, wenn ihnen bewusst wird, was aus dir geworden ist und dass sie selbst noch immer in ihrem alten Trott stecken, die reine Frustration in ihnen spricht und sich alles nur um puren Neid dreht. Das kannst du wiederum als Kompliment sehen; Aufmerksamkeit bekommt man ja bekanntlich geschenkt, Neid muss man sich jedoch erarbeiten. Sie sind verunsichert, verärgert und sie fragen sich, wie es sein kann, wie du soweit gekommen bist, wo ihr doch früher auf gleicher Wellenlänge wart. Sie werden dich für überheblich halten, wenn du dich nicht dazu bequemst, dich wieder zu ihnen herunter zu gesellen, also mit der Waage wieder nach unten zu rutschen und wieder der alte nicht-ambitionierte Abenteurer zu sein. Wenn du mich fragst: tue das auf keinen Fall! Warum? Naja, warum solltest Du? Warum solltest du wieder Rückschritte machen und wieder von vorne anfangen? Nur weil sie es nicht sehen können, dass du in deinem Leben etwas erreicht hast? Warum finden sie nicht die Motivation zu dir nach oben zu kommen? Dort, wo man nach getaner und intensiver Arbeit die Früchte des Erfolgs ernten kann und man sich statt über Frustrationen, über die Sonnenseiten des Lebens austauscht und voneinander lernen kann? Die Luft dort oben ist zwar dünner aber dafür süsser.

Ich war schon immer eher ein Stück mehr Einzelgänger als andere. Niemand hat mich aber dazu gezwungen, mein Leben (bewusst) so zu führen wie ich es derzeit tue, mit allen Konsequenzen. Ich habe in meinen 30 Jahren schon viele Situationen wie obige gehabt, die herauskristallisiert haben, wie gross der Unterschied in den Lebensperspektiven zwischen Freunden wird, wenn man sich konsequent für eine Richtung entscheidet. So schade es auch ist, dass in meinem Leben schon viele Freundschaften zugrunde gegangen sind, ich bereue keine Sekunde der Entscheidungen, die ich für mich und mein Leben getroffen habe. Und ja, ich habe Freunde – nicht viele, aber dafür die richtigen.

SO FINDEST DU DEN PERFEKTEN BUSINESSPARTNER

Wer aus welchen Gründen auch immer nicht allein gründen will, sucht sich einen Businesspartner. Doch das hört sich einfacher an, als es ist. Zum einen wachsen potenzielle Bewerber nicht einfach so auf den Bäumen und zum anderen sollte es sich wohl überlegt sein, wem man einen so intimen Zugriff zu seiner Existenz erlaubt. Viele der heutigen grossen Unternehmen wurden von einem Duo gegründet. Laut Forbes Magazine sind aber 65 Prozent der Unternehmen auch wieder eingeknickt, weil sich die Partner aus verschiedenen Gründen über ihre Vorstellungen doch nicht mehr so einig waren. Bis einer von beiden das Weite gesucht oder das Unternehmen komplett dich gemacht hat.

Wer also darüber nachdenkt, sich einen Businesspartner an die Seite zu holen, der sollte sich auch über folgende Dinge im Klaren sein:

- Alleinige Entscheidungsgewalt nicht mehr so einfach.
- Es gibt immer einen oder mehrere Personen, die Mitspracherecht haben. Man ist immer jemandem Rechenschaft über die Vorgänge schuldig
- Es kann schwierig werden, jemanden zu finden, der die Vision teilt
- Umsatz wird geteilt

- Meinungsverschiedenheiten können sich schnell aufs private und geschäftliche Gemüt auswirken

Wie prüfe ich aber am besten, ob diese Person als Businesspartner geeignet ist?

Bevor du überlegst, was deinen perfekten Businesspartner ausmacht, solltest du dir zunächst Gedanken über deine Vorstellungen machen. Werde dir selbst darüber im Klaren, was du überhaupt willst, was dein Business aussagen soll, welche Werte es vertritt und was du von einem Businesspartner erwartest. Kenne deine Stärken und Schwächen und mache dir Gedanken darüber, welchen Gegenpart dein zukünftiger Partner einnehmen kann und soll. Wenn es dann soweit ist, rate ich dir auf folgende Dinge zu achten:

Wenn du überlegst, mit einem deiner Arbeitskollegen ein Unternehmen zu gründen, rate ich dir, ihn vorher ausserhalb der Arbeit und persönlich kennenzulernen. Schummelt er, wenn ihr Karten spielt, beim Golf oder drückt er sich gerne vor dem Zahlen der Restaurantrechnung? Ist er pünktlich und hält er sich an Absprachen (z.B. wenn du ihn als Umzugshelfer engagiert hast)? Ist er bereit, selbst ein Wochenendurlaub oder eine Party in Eigenregie zu planen und durchzuführen? Solche Dinge sagen sehr viel über die Manier eines Menschen aus. Wenn er in sich seiner Freizeit schon vor Verantwortungen drückt und lieber den einfacheren Weg geht, ist er womöglich nicht die richtige Person für dich.

- Habt ihr schon einmal gemeinsam über eine längere Zeit an einem Projekt gearbeitet? Wenn nicht, dann solltet ihr das unbedingt testen. Das stellt das Verhalten unter Stress auf die Probe und lehrt einiges über eure Arbeitsweisen.

- Kaufe nie die Katze im Sack und prüfe genau, wenn du dir da anlachst. Hol dir Referenzen von ehemaligen Arbeitgebern, Kunden oder Businesspartnern ein. Scheue dich nicht, etwas über diese Person zu recherchieren. Welche Referenzen hat er vorzuweisen?

- Eine Businesspartnerschaft ist wie eine Ehe. Es geht ums Geben und Nehmen. Sei dir sicher, dass diese Person ein sozialer und nicht Ich-bezogener Mensch ist. Er sollte, wie auch du, bereit sein Dinge zu geben, ohne gleich im Umkehrschluss sofort etwas dafür zu erwarten. Das ist auch kein grosser Punkt in der Sozialkompetenz.

- Gründe niemals mit einer Person, der du nicht zu 1000 Prozent vertrauen kannst – egal welche Kenntnisse, Connections, Fähigkeiten, Erfahrungen oder wie viel Geld sie mitbringt. Hier geht es um deine Existenz und du solltest diese nicht riskieren, indem du eine Person an Bord holst, der du nicht ohne schlechtes Gewissen den Rücken kehren kannst. Wenn es um Ruhm oder Schadensbegrenzung geht, werden Menschen schnell zu unberechenbaren Wesen.

- Redet über eure Visionen. Wer die gleichen Interessen teilt, hat nicht zwingend die gleichen Visionen. Finde heraus, wo eure Prioritäten liegen und was die Beweggründe für eine Gründung bei jedem einzelnen Gründungsmitglied sind. Wenn es jemandem beispielsweise um die Vision geht Menschen zu helfen und der andere eher den Fokus darauf hat möglichst viel Geld innerhalb kürzester Zeit zu verdienen, passen eure Motive nicht optimal zusammen. Finde jemanden, der bereit ist zu wachsen, zu investieren und der dich auch bei deiner Vision zu hundertprozentig unterstützt. Frage ihn nach seinen Zukunftsambitionen. Will er nur schnell an viel Geld kommen? Dann lasse die Finger von ihm.

- Redet auch über eure Zukunftspläne. Wo wollt ihr in einem Jahr und in zehn Jahren stehen? Wie gross soll das angedachte Unternehmen werden? Willst du womöglich nur lokal aufgestellt sein und dein Businesspartner strebt eine internationale Karriere an?

- Wenn ihr grob das Gefühl habt, dass es passt, schreibt einen detaillierten Businessplan zusammen. Auch wenn viele ihn mittlerweile für unnötig halten, ist er dennoch perfekt, um fokussiert und detailliert die Visionen auf den Tisch zu legen. So findet ihr heraus, ob ihr wirklich die gleichen Vorstellungen habt oder worüber man vielleicht nochmals sprechen sollte. Ergänzt ihr euch in euren Fähigkeiten und gleicht ihr eure Missstände aus? Das wäre ideal.

- Auch wenn da am Anfang keiner darüber sprechen möchte, setzt gemeinsam eine Exit-Strategie in eurem Businessplan fest, die besagt, wie es mit dem Unternehmen weitergehen soll, sobald sich einer gegen eine weitere Zusammenarbeit entscheidet. Dieser Punkt sollte geregelt werden, insbesondere wenn viel Geld in das Unternehmen investiert wurde. Letztendlich geht es bei einem Business um die Existenz des Geschäftsführers, der Mitarbeiter, um rechtliche Belange und nicht zuletzt um viel Geld. Das alles sollte vorab geregelt werden um eventuelle böse Überraschungen zu vermeiden.

Eine Exit-Strategie sollte folgende Punkte regeln:

- Welche Beweggründe würden zu einer Ausscheidung (Kündigung) aus dem Unternehmen führen? (Diebstahl, Veruntreuung, ...)
- Wie soll das Unternehmen am Schluss finanziell bewertet werden und wie hoch und in welcher Form wird der ausscheidende Unternehmer ausbezahlt?
- Welche Optionen gibt es für eine eventuelle weitere Zusammenarbeit innerhalb des Unternehmens? (Als Freelancer, Berater, ...)
- Welche Rechte bleiben im Unternehmen und welche Wettbewerbsverbote werden festgelegt? (Darf der ausscheidende trotzdem mit vorhandenen Patenten, Projektideen usw. weiterwirtschaften oder nicht)

Wenn du mit deinem Partner, deiner Freundin oder Freund, deinem Ehepartner oder einem Geschwisterteil gründest, solltest du dir im klaren sein, dass diese zusätzliche Bindung ein unvorhersehbarer Stressfaktor sein wird. Denn, auch wenn ihr euch womöglich noch nie gestritten habt, wird es eines Tages zu Meinungsverschiedenheiten kommen, das muss auch nicht schöngeredet werden. Stress, Druck und der Umgang mit schlecht gelaunten Kunden sorgt schnell mal für schlechte Stimmung. Ein gemeinsames Business wird euch auf die Probe stellen.

Was ist also wichtig, wenn man sich entscheidet mit einem Businesspartner zu arbeiten?

- Vertrauen
- 1000% Verlass

- keine Machtspielchen / Hierarchie. Die Rollen und das Entscheidungsrecht sollte von vornherein zu 100% geklärt sein
- eine gemeinsame Vision
- gegenseitiger Raum zur Entfaltung, Rückhalt, Akzeptanz und Toleranz. Ihr sitzt Tag und Nacht aufeinander und solltet euch daher auch unbeschränkt riechen können
- Reden, reden, reden
- Lernt abzuschalten sobald ihr den Arbeitsmodus verlasst. Nehmt eure Probleme nicht nach Hause.
- Seid einfühlsam, aufmerksam und gönnt euch gegenseitig eine Auszeit.

Aber wo finde ich potenzielle Businesspartner?

Am einfachsten ist es natürlich mit Freunden, Familie oder sehr guten Bekannten zusammenzuarbeiten. Im besten Fall kennt ihr euch schon sehr lange und wisst, wie ihr miteinander umgehen sollt, kennt eure Arbeitsmoral und wisst auch, wie ihr euch in schlechten Zeiten gegenüber steht. Falls du jedoch niemanden aus deinem nahen Umfeld kennst, der in Frage kommen würde, würde ich mich mal hier umschauen:

- Empfehlungen von Vertrauten Personen: Leute die dich schon seit Jahren kennen sind die besten Möglichkeiten auf Netzwerk-Optionen. Du kannst ihnen am meisten Vertrauen und sie würden dir nie einen unzuverlässigen Menschen empfehlen, weil ihnen selbst am Herzen liegt, dass es dir gut geht und du erfolgreich bist. Lass sie wissen, dass du jemanden suchst und sie werden sicherlich gerne die Augen und Ohren offen halten und dich weiterempfehlen.

- Networking Events: Manche hassen sie, aber für den eigentlichen Weg, Leute kennenzulernen sind sie perfekt. Und du weisst nie, wem du über den Weg läufst.
- Messen
- Facebook-Gruppen mit Gleichgesinnten
- Ehrenamtliche Mitarbeit: Arbeite für einen guten Zweck in deinem gewünschten Bereich, überzeuge durch deine Arbeit und lernen Menschen mit gleichen Zielen kennen
- Universitäten
- (ehemalige) Arbeitskollegen
- Portale wie LinkedIn, Xing, usw.

Denke immer daran, dass die Gründe, warum du dein eigenes Business willst, deine Freiheit, Unabhängigkeit und deine Visionen sind. Sie können sich erfüllen, wenn du dir die richtigen Leute ins Boot holst. Mit dem richtigen Businesspartner zusammenzuarbeiten, eröffnet dir Türen und Möglichkeiten, die du allein und mit deinem einzigen Wissen vielleicht nicht erreicht hättest. Jedoch ist es wichtig, dass man sich ergänzt, sich vertraut und eine gemeinsame Vision teilt. Wenn du dich generell schwer damit tust, anderen Leuten zu vertrauen, dann ist es vielleicht eher dein Ding, allein loszuziehen. Daran ist ebenfalls nichts verwerfliches.

WIE DU ES SCHAFFST, DASS DEIN UMFELD DICH ERNST NIMMT

Ok, nehmen wir mal an, du hast dein Business in den Startlöchern, bist ready für den blühenden Aufgang. Du tust alles um deine Idee an den Mann zu bringen, netzwerkst, bist präsent, offline und online, schreibst dir die Finger wund und schlägst dir die Nächte um die Ohren. Doch so wirklich Früchte scheint das alles nicht zu tragen. Die Besucherzahlen auf deiner Webseite sind noch immer im Keller, deine Follower wollen sich auch nicht so wirklich mit einem Like auf deiner Seite verewigen und du hast generell das Gefühl, absolut ignoriert zu werden. Du fragst dich schon seit geraumer Zeit, woran das liegen könnte, aber du findest einfach keine Lösung. Wenn du in deinem privaten Umfeld von deiner Idee und deinem tollen Projekt erzählst, hast du das Gefühl, dass dich irgendwie keiner so wirklich ernst nehmen will und dass man deine Erzählungen und Mitteilungen nur freundlich abnickt. Was ist denn nur los? Was machst du falsch, dass du scheinbar unsichtbar für dein Publikum bist? Warum bekommst du nur ein müdes Lächeln anstatt tosenden Applaus?

Du bist einfach nicht authentisch

Es spielt wirklich keine Rolle, in welchem Genre du unterwegs bist. Wenn du Leute erreichen und persönlich ansprechen willst, dann musst du einfach authentisch sein. Es bringt nichts, sich zu verstellen oder deinem Publikum eine Person vorzugaukeln, die du einfach nicht bist. Für manche Bereiche, wie zum Beispiel im Bereich Life-Coaching oder alles, wo es um das Wohlbefinden von Menschen geht, ist es sogar unabdingbar, authentisch zu sein und die eigene Persönlichkeit zu deiner Marke zu machen. Denn die Leute konsumieren erst dich in Person, bevor sie für deinen Blog, dein Produkt oder deine Expertise Geld ausgeben. Mögen sie dich nicht, bist du ihnen unsympathisch, oder gibst ihnen einfach nicht den Input den sie brauchen, dann sind sie ohnehin weg. Es gibt nichts besseres, als wenn du selbst eine inspirierende Person darstellst, die für ihre Entscheidungen, ihren Mut oder ihr Gedankengut bewundert wird.

Du stehst selbst nicht hinter deiner Vision
Es gibt Leute die sind unsicher, es gibt Leute die sind schüchtern und es gibt ganz viele Leute die enorme Selbstzweifel an sich und ihren Fähigkeiten haben. Wenn du eine von diesen Frauen bist, die sich in ihrem Kopf zwar alles schön zusammengereimt und ausgemalt haben, es sich aber einfach nicht zutraut, es überzeugend an den Mann oder die Frau zu bringen, kann es sehr wohl daran liegen, dass du selbst nicht komplett von deiner Idee überzeugt bist.

Früher war ich extrem unsicher und ich habe mich nicht getraut, offen von meinem Blog und meiner Online-Präsenz zu erzählen. Mir war es regelrecht peinlich und ich hatte Angst davor, was meine Freunde, Familie und sogar entfernte Bekannte von mir denken würden, wenn ich ihnen meine verdeckte Seite als Bloggerin offenbaren würde. Ich ging sogar so weit, dass ich sämtliche, mir mögliche Sicherheitsvorkehrungen traf, dass mich ja niemand als Bloggerin im Internet finden konnte. Long Story Short, ich stand einfach nicht hinter mir und meinen Ideen. Ich war selbst nicht zu 100 Prozent davon überzeugt, dass das was ich da vor hatte, wirklich rocken würde. Wie also sollte ich andere Leute von meiner Idee überzeugen, wenn ich selbst schon daran zweifelte und mich dafür schämte? Selbstüberzeugung, und ich rede hier nicht von Arroganz, ist übermässig wichtig, wenn du bei anderen mit deinem Business punkten willst.

Du bist unsicher in deiner Kommunikation
Stell dir vor, du bist eine erfolgreiche Unternehmerin, Lektorin, leitest meinetwegen einen Verlag und bist für die Neueinsendungen von Skripten zuständig. Du wirst jeden Tag überhäuft, fast schon zugemüllt, mit neuen Skripts von unbekannten Newcomer-Autoren. Eines Tages bekommst du eine E-Mail von einer Autorin und liest folgende Zeilen:

„ …

Sehr geehrte Frau XYZ,

ich bin begeisterte Schriftstellerin und habe in den vergangenen Monaten an meinem ersten Buch gearbeitet, welches ich Ihnen hiermit gerne zur Ansicht zusende. Ich habe viel Leidenschaft in dieses Projekt hineingesteckt und würde mich sehr freuen, wenn sie die eventuell die Zeit finden würden, sich mein Skript einmal durchzulesen.

Mir ist bewusst, dass sie als Lektorin sicherlich viel zu tun haben, weshalb ich Sie selbstverständlich nicht hetzen möchte. Wenn sie also erst in ein paar Wochen die Zeit finden, sich meinem Werk zu widmen, ist das vollkommen in Ordnung für mich. Falls mein Buch für eine Veröffentlichung für Sie nicht in Frage kommen sollte, würde ich mich trotzdem über ein Feedback und ihre ehrliche Meinung freuen – aber natürlich nur, wenn es Ihre Zeit erlaubt.

Mit freundlichen Grüssen,
XYZ

… "

Fällt dir etwas auf? Ja? Nein? Ok, lass es mich dir erklären. Mein Beispiel war etwas überspitzt, aber ich wollte dir folgendes deutlich machen: Wenn du dich immer wieder für dich und deine Existenz entschuldigst und das Gefühl vermittelst, dass du niemanden stören möchtest und dass es ja generell ein Versehen war, dass du auf diesem Planeten gelandet bist, dann wird dich niemand für voll nehmen. Denn genau das möchtest du doch eigentlich, oder nicht? Du möchtest sehr wohl, dass diese tolle und kompetente Person nun alles stehen und liegen lässt und sich verdammt noch mal Zeit für deine Anfrage nimmt und dein tolles Werk anschaut. Hast du nicht in den vergangenen Monaten viel Zeit, Arbeit und schlaflose Nächte in dein Herzensprojekt gesteckt? Hast du es denn dann nicht auch verdient, dass sich jemand die Zeit nimmt und sich deinem Projekt widmet? Richtig! Das hast du! Sei also sicher, selbstbewusst, aber nicht egozentrisch, in deinem Auftreten. Stehe für dich selbst und für dein Projekt ein und hake wenn nötig nochmals nach, freundlich und bestimmt. Ein wahrer Unternehmer steht zu tausend Prozent hinter seinem Produkt oder seiner Dienstleistung. Wenn du den Kontakt zu potentiellen Kunden oder Partnern suchst, dann sei fokussiert und gehe nicht immer davon aus, dass du störst oder du und dein Produkt ungelegen kommen. Selbstbewusstsein ist ein MUSS. Egal wie lange du schon am Markt bist, ob Newcomer oder alter Hase, jeder hat seine Daseinsberechtigung und man wird dich nur für voll nehmen, wenn du es selbst tust. Begegne deinem Gegenüber auf Augenhöhe und lasse nicht zu, dass man dir das Gefühl vermittelt, du wärest fehl am Platz.

Du lässt dich zu schnell aus der Fassung bringen

Wo Kreativität ist, ist auch immer Kritik zu finden. Du wirst nie im Leben jeden glücklich machen können. Dessen bist du dir aber sicherlich auch bewusst. Wenn du Kritik bekommst, dann musst du lernen, sie richtig einzuschätzen und einzuordnen. Beispiel: Du bist auf einer Blogger-Konferenz und triffst dich mit sechs anderen Bloggern zum Mittagessen in der Konferenzpause. Manche von euch kennen sich schon, die meisten treffen sich aber heute zum ersten Mal. Nun ist in der ersten halben Stunde erstmal eine grobe Kennenlernrunde angesagt. Jeder stellt sich kurz vor, jeder quatscht kurz über sein Business und erzählt etwas über sich privat. Als du an der Reihe bist und von deinen Plänen erzählst, merkst du, dass ein oder zwei Teilnehmer beginnen, die Augen zu rollen als du von deiner Nische erzählst, die entweder noch keiner kennt oder die deren Meinung nach so krass übergesättigt ist, dass sie sich nicht vorstellen können, dass da noch etwas Neues geschaffen werden kann. Fragen kommen auf und du bist natürlich bemüht, sie freundlich und überzeugend zu beantworten. Irgendwann merkst du, dass eine Person, die mit deiner Vision nicht warm wird, dir überflüssige und unnötige Kommentare entgegen pfeffert oder blöde Fragen stellt (und jetzt nicht Kopfschütteln – Missgunst und Neid gibt es sehr wohl auch unter Bloggerkollegen). Irgendwann bist du so genervt, dass du in deinen Antworten immer patziger wirst und dir einfach wünschst, dass diese besagte Person einfach mal den Mund hält, wenn sie schon nichts produktives auszusetzen hat. Trotzdem, du musst dich selbst im Griff haben! Immer. Je unprofessioneller und kritikunfähiger du auftrittst, um so schwieriger wird es für dich von anderen Leuten ernstgenommen zu werden. Das bezieht sich sowohl auf ein Mittagessen mit Bloggerkollegen, auf Gespräche mit deinen Eltern oder auch wenn sich jemand aus deinem Freundes- oder Bekanntenkreis nach deiner Tätigkeit erkundet und schwachsinnige Kommentare von sich lässt, weil er dein Konzept dahinter nicht so ganz checkt. Denke immer daran, die Gedanken in deinem Kopf sind immer anders geordnet und klingen logischer für dich, als für die, die ausserhalb deines kreativen Hirnes das erste Mal davon hören.

Du bist nicht hartnäckig genug

Wenn du in deinem Leben etwas erreichen möchtest, musst du lernen hartnäckig zu sein. Es wird dir niemand etwas hinterhertragen! Wenn du in Kontakt mit einer Firma stehst, nehmen wir wieder den Verlag von vorhin, und du bekommst auf Ewigkeiten keine Rückmeldung auf deine Anfrage, dann lasse dich nicht so schnell abwimmeln. Biete Varianten der Kommunikation an wenn es sein muss. Schlage kurze telefonische Termine vor, an denen du dich gerne nochmals meldest um das weitere

Vorgehen oder ein Feedback zu besprechen. Businessfrauen haben es heutzutage zwar immer leichter ihre Visionen in die Tat umzusetzen, ihnen wird aber deshalb nichts geschenkt. Im Gegenteil. Sie müssen meist härter für ihr Ansehen und ihre Anerkennung kämpfen wie Männer. Harte Arbeit, Ausdauer, Disziplin und ein grosses Stück Selbstvertrauen gehören einfach dazu, wenn es für immer sein soll. Dann nimmt dich auch dein Gegenüber ganz anders wahr.

Verwende kein Fachchinesisch

Um sicherzugehen, dass dich deine Zielgruppe ernst nimmt, musst du unbedingt klar, einfach und verständlich über dein Projekt sprechen. Jeder Vertriebsprofi wird dir raten: Erkläre deine Idee so, als würdest du es einem Kind erklären. Kein Firlefanz und komplett ohne Fachchinesisch. Menschen hassen es, wenn es kompliziert wird. Sei natürlich und authentisch. Das menschliche Hirn schaltet schnell ab, wenn es nicht in den ersten Sekunden vermittelt bekommt, dass da nun eine interessante Information folgt. Vergraul dir also nicht selbst dein Publikum und halte dich simpel. Du wirst damit besser fahren, ganz sicher!

„SOLL ICH TIPPS VON MEINEM PARTNER ANNEHMEN?"

Ich kenne deinen Partner zwar nicht und würde mir niemals anmassen über ihn zu urteilen, aber aus Erfahrung kann ich sagen, dass dieses Thema ist eins derer ist, die ziemlich hochexplosiv enden können. Mal ganz abgesehen davon, dass man sich wirklich glücklich schätzen kann, wenn der Partner das eigene Vorhaben toll findet und es unterstützt, kann es auch in eine Richtung ausarten, die so nicht geplant war. Man fühlt sich schnell missverstanden oder bekommt Dinge vor den Latz geknallt, die man so gar nicht hören wollte. Ich habe meinen Partner einmal um Rat gefragt. Damals ging es darum, ob, wann und wie ich am besten mein Gewerbe anmelden soll. Ich bekam ich schnell Dinge zu hören, die ich gar nicht hören wollte. Er meinte nichts davon böse und rückblickend war es sicherlich nur konstruktiv und objektiv aus der Sicht eines Unvoreingenommenen, jedoch hatte ich mich irgendwann total missverstanden gefühlt und habe die Konversation zornig und mit einem „Ach, du hast ja keine Ahnung" beendet. Ja, sehr erwachsen. Ich weiss. Das ist nun schon einige Zeit her und mittlerweile würde es sicher anders laufen. Wir betrachten es beide inzwischen aus einem ganz anderen Blickwinkel. Dennoch liegt es natürlich im eigenen Ermessen, ob du denkst, dass dein Partner dir hier wertvolle Tipps geben kann oder nicht.

Sei froh über konstruktive Kritik – auch wenn sie erstmal negativ erscheint!

Sei darauf gefasst, dass du Dinge zu hören bekommst, die du nicht hören willst oder dass er dich auf Dinge aufmerksam macht, die du peinlicher Weise als angehende Geschäftsfrau noch gar nicht bedacht hast. Nehmen wir deine Webseite als Beispiel: Du hast Stunden (vielleicht Nachtschichten oder sogar Wochen) damit verbracht, in Eigenregie deine Webseite aufzusetzen und sie online zu bringen. Weil du kein Geld ausgeben konntest (oder wolltest) hast du dir selbst den Hintern dafür aufgerissen und sie so gestaltet, dass du sie begeistert vorführen kannst. Nun zeigst du sie deinem Partner und fragst ihn was er davon hält. Ergebnis: Er findet sie zu langweilig, zu bunt, zu unübersichtlich und die Leserführung ist auch total für den Arsch. Wie fühlst du dich? Auch wenn dir die Beurteilung nicht gefällt, solltest du immer bedenken, dass genau solche Meinungen dir den Hintern retten können. In diesem Falle steht dein Partner nämlich an der Stelle deines Lesers. Ein Leser, der sich ganz unbedarft zum ersten Mal deine Webseite anschaut und versucht sich zurechtzufinden. Und wenn dein Partner sich nicht zurecht findet, wie sollen es dann deine Leser tun? Wenn du jemanden nach Rat fragst, solltest du immer davon ausgehen, dass sie dein Vorhaben aus einem total fremden Blickwinkel betrachten. Höchstwahrscheinlich haben sie überhaupt keine Ahnung von dem was du tust und können dir absolut unvoreingenommen sagen, was ihnen gefällt und was nicht. Siehe diese Ressource daher als wertvolle Hilfestellung. Sei dir auch bewusst, was du dir von dem Feedback überhaupt erhoffst. Willst du wirklich einen Ratschlag, eine Beurteilung oder einen Tipp, oder suchst du nur jemanden, wo du Dampf ablassen kannst? Dieser Gedankengang ist wichtig, denn er erspart dir im schlimmsten Falle einiges an Stress.

Ist dein Partner ein altmodischer Klugscheisser?

Ist dein Partner einer von der Sorte, der immer unerwünscht seinen Senf zu allem gibt? Weiss er immer alles besser? Dann leg ihm einen Maulkorb an. Wenn du nicht möchtest, dass er alles unerwünscht kommentiert, beurteilt und meint, dass er alles besser weiss, dann solltest du ihm auch sagen, dass du das nicht möchtest. Natürlich macht der Ton die Musik, schliesslich soll sich diese Bemerkung ja nicht auf das Beziehungsgemüt niederschlagen. Sage ihm aber, dass du seine Ratschläge zu schätzen weisst, aber dass du deine eigenen Ideen umsetzen möchtest und gerne auf ihn zurückkommst, wenn du es für angebracht empfindest und das Gefühl hast, er könne dich mit seinen Kompetenzen unterstützen.

Du hast einen Experten von dem du gratis profitieren kannst? – BÄÄM! Jackpot!!

Je nach dem, was dein Partner beruflich oder leidenschaftlich tut, wärest du vielleicht ganz schön dämlich, wenn du auf seine Expertise verzichten würdest. Und wenn dem wirklich so ist, warum solltest du das dann nicht annehmen? Jetzt mal im ernst – weisst du wie viele dankbar dafür wären, von Kenntnissen und Fähigkeiten profitieren zu können, die sie gratis erhalten?

Seht euch beide nicht als Konkurrenz

Let´s Face it! – Es gibt leider immer noch Männer, die an dem alten Bild des Hausmütterchens festhalten. Nicht übermässig viele, aber es gibt sie. Vielleicht ist es für deinen Partner einfach eine ungewohnte Vorstellung, dass du selbst in die erfolgreichen Fussstapfen einer Karrierefrau treten möchtest und er als Loser dastehen könnte – das altbewährte Emanzipationsproblem. Dies gilt übrigens auch für die Beziehungen, wo der Mann schon selbst eine beachtliche Karriere hingelegt hat und sich so in seinem männlichen Ego herabgesetzt fühlt. Manche Männer haben ein Problem damit, dass Frauen aus den eigenen Reihen erfolgreich nachziehen. Seht euch beide also nicht als Konkurrenz. In einer gesunden Beziehung gönnt man sich das Glück und unterstützt sich gegenseitig. Abgesehen davon, was ist noch attraktiver, als ein Pärchen, wo beide Seiten auf individuelle Art und Weise einen erfolgreichen Werdegang hingelegt haben?

WIE DU LERNST, NEIN ZU SAGEN, AUCH WENN DU VORHER JA GESAGT HAST

Ich gehe davon aus, du bist ein guter Mensch, bist bereit zu geben, nimmst aber auch gerne Hilfe in Anspruch, wenn du sie brauchst. Daran ist auch nichts verkehrt, denn wir Menschen sind sozial gepolt und hier und da mal auszuhelfen ist irgendwo ja schon fast eine Pflicht. Es ist wirklich wichtig, nicht immer nur an sich selbst zu denken und sich auch mal Dingen hinzugeben, die anderen mehr helfen, als einem selbst. Die Frage ist nur, wo ist die Grenze gesetzt und wo artet es in die Richtung ausnutzen aus? Wer immer und überall nachgibt und das tut, was von einem verlangt wird, tut sich selbst auf Dauer keinen grossen Gefallen. Wenn dich jemand ständig um etwas bittet, auf das du eigentlich keine Lust hast oder du immer wieder unangenehme Arbeiten übernehmen sollst, ist es dein gutes Recht – nein sogar deine Pflicht – nein zu sagen. Ganz besonders dann, wenn du deine eigenen Prioritäten aufgrund dieses Gefallens ständig hinten anstellen musst. Doch was hält uns davon ab „Nein" zu sagen? Nicht Nein sagen zu können, hat vorwiegend etwas damit zu tun, dass wir uns um unser Ansehen fürchten. Die Angst davor, abgelehnt und nicht mehr gemocht zu werden, steht uns im Weg. Das fängt schon in der Kindheit an. Wenn Kinder in ihrer Trotzphase Grenzen testen, verspüren sie mit einem Nein eine extreme Ablehnung. Und Ablehnungen haben immer etwas mit Schmerz zu tun. Die Trotzphase prägt Kinder so sehr, dass sie sich instinktiv im Erwachsenenalter an diese Ablehnung erinnern und dann lieber Zusagen, als diesen Schmerz nochmals zu verspüren. Es hat den Anschein, dass etwas abzulehnen uns zu einem schlechteren Menschen machen würde und dass die Menschen uns dann für unsozial, herzlos, egoistisch oder selbstsüchtig halten. Dabei ist es enorm wichtig für sich einzustehen und auch mal nein zu sagen, wenn es nicht passt. Für eine Zukunft als erfolgreiche Unternehmerin bleibt dir nichts anderes übrig, als das Nein sagen zu lernen. Nein-Sager gelten entgegen des Klischees in der oberen Etage eher als selbstbewusst, robust, belastbar und resistent. Stell dir mal vor, wie oft deine Vorgesetzten in ihrer Karriere schon Nein sagen mussten, wenn Mitarbeiter mit Gehaltswünschen gekommen sind? Natürlich reagiert keiner erfreut auf ein Nein, aber hier macht auch der Ton die Musik. Ein Nein muss sich nicht immer wie ein geprügeltes oder abwertendes Nein anhören, sondern kann auch auf Kompromisse hinauslaufen. Ab sofort bist du Businessfrau und musst nicht sofort springen, wenn jemand deinen Namen ruft. Menschen die dir in solchen Situationen unterstellen, dass du ein Egoist bist, weil du nein gesagt hast, wollen dich eigentlich nur dazu bringen das zu tun, was sie von dir verlangen. Es sagt aber noch lange nichts über deinen Charakter aus, nur weil du eigene Prioritäten setzt. Was dich aber vor dem Nein sagen bewahrt, ist, dass du vermutlich das Gefühl liebst, gebraucht zu werden. Dieses Gefühl ist ein Grundbedürfnis, dass sich häufig gar nicht steuern lässt. Indem du aber bewusst lernst, nein zu sagen, machst du dich rar und gibst dir selbst einen Wert, den dein Gegenüber zu schätzen werden weiss. Nehmen wir einen A-Promi, der täglich unzählige Anfragen für Interviews in Magazinen, Zeitungen, Radiosendungen, TV-Shows usw. bekommt. Parallel zu dem allen, muss er ebenfalls seine Promotiontour machen, hat vielleicht ein festes Engagement als Schauspieler, Sportler oder Starkoch, dem er natürlich auch noch nachgehen muss. Denkst du er hat die Zeit und die Energie überall zuzusagen? Am Anfang seiner Karriere war er sicherlich noch froh über jede einzelne Anfrage, aber im Laufe seiner Karriere nimmt auch das Interesse an seiner Person und seinen Produkten zu und er wird lernen müssen abzuwägen, was ihm am besten gut tut und worauf er guten Gewissens verzichten kann und muss. Auch du stehst vermutlich am Anfang deiner Karriere und hast vielleicht einige Jobs bisher umsonst oder für wenig Geld gemacht. Da dein Business aber idealer weise mit der Zeit gewachsen ist, kannst dir guten Gewissens erlauben, für deine Produkte oder Dienstleistungen nun Geld zu verlangen, auch wenn du sie vorher für viel weniger oder sogar umsonst angeboten hast. Kein Mensch ist aber selbstständig und braucht kein Geld. Deine Arbeit und deine Kenntnisse haben ihren Wert! Deine Zeit und deine Expertise hat ihren Wert und auch wenn du es im Moment noch nicht glaubst, es gibt Leute, die für deine Expertise zahlen würden.

Anliegen und Bitten kommen oft mal zwischendurch in einem Gespräch und bevor man checken kann, ob das für einen selbst überhaupt machbar ist, sagen wir viel zu schnell ja. Wenn du dir also nicht sicher bist, dann ...

... denke als Unternehmerin und nicht als jemand, der sein Hobby ausführt.

Manche Menschen sind so etwas von ausgefuchst. Sie werden alle Register ziehen um bei dir zu landen. Wenn Menschen etwas unbedingt wollen, versuchen sie alles, was in ihrem Verhandlungsgeschick liegt in die Waagschale zu legen, um den besten Deal klarzumachen. Zu den typischen Überredungskünsten gehört:

- Druck ausüben
- Schuldgefühle erzwingen
- Schmeicheleien
- Alle Register von Mitleidstouren ziehen
- Erpressung
- und Überrumpelung

Um diesen Taktiken geschickt entgegenzuwirken, ist es wichtig für dich zu wissen, wo deine absolute Schmerzgrenze liegt. Inwiefern bist du bereit dieser Person entgegenzukommen? Wenn diese Person absolut nicht fähig ist die gewünschten Bedingungen einzuhalten, welche Kompromisse kannst du eingehen? Kann sie dich vielleicht im Gegenzug bei einer anderen Sache unterstützen? Wenn trotz allem nichts geht, dann halte dir immer als letzte Option die Ablehnung offen. Du musst nichts tun, wobei du dich nicht wohl fühlst. Manchmal stellt sich hinterher sogar heraus, dass die Ablehnung ohnehin die bessere Entscheidung war. Your Business. Your Rules – vergesse das nie, auch wenn es mal kurzfristig unangenehm wird. Wenn du lernst nein zu sagen, bedeutet das, dass du gelernt hast klare Grenzen für dich zu setzen. Das betrifft insbesondere Dinge, die du am Anfang für umsonst gemacht hast und ab einem gewissen Zeitpunkt dafür Geld verlangen möchtest.

„Was nichts kostet, ist auch nichts wert"

Dieses Motto kommt vor allem bei Menschen zum Zug, die Qualität lieben und keine Massenware von der Stange möchten. Jeder Mensch weiss es zu schätzen, wenn er nicht nur einen Nummern-Stempel auf die Stirn bekommt, sondern so behandelt wird, als wäre er etwas besonderes. Wenn du etwas anbietest, dass Menschen helfen soll, dann traue dich ruhig, angemessenes Geld für deinen Service zu verlangen. Damit wertest du nicht nur dein Dasein als Unternehmerin auf, sondern vermittelst auch eine gewisse Qualität. Kunden, die wirklich ernsthaft eine Lösung für ihr Problem in deinen Produkten suchen, werden auch bereit sein, für Qualität zu bezahlen.

Bitte um Bedenkzeit, wenn du nicht sofort ja sagen möchtest

Oft wird man mit einer Fragestellung überrumpelt oder weiss nicht auf Anhieb, ob die Umsetzung mit dem eigenen Zeitplan überhaupt machbar ist. Zu allem ja zu sagen, setzt dich enormen Stress aus und du gehst das Risiko ein nicht mehr genug Zeit für deine eigenen Projekte zu haben.

Stelle dir deshalb dazu folgende Fragen:

- Was ist es genau, dass ich tun soll?
- Möchte ich das tun oder eigentlich eher nicht?
- Wie viel Kraft, Zeit, Energie und Lust habe ich?
- Muss ich eigene Dinge oder Verpflichtungen zurückstellen?
- Wer bittet mich um diese Sache? Ist es eine Person, die mir schon oft ausgeholfen hat? Welche Bedeutung hat dieser Mensch für mich?
- Warum fällt es mir so schwer nein zu sagen?

Wenn du dich für ein Nein entscheidest, ist es dennoch wichtig, bei den Absagen ehrlich zu sein, meistens werden Ausreden früher oder später auch als solche aufgedeckt. Und diese fallen in der Regel nie positiv auf dich zurück. Sei also einfach ehrlich mit deiner Begründung. Jeder würde es verstehen, wenn du derzeit einfach nicht die Zeit oder den Kopf dafür hast, dich mit anderen Dingen zu beschäftigen und du läufst auch nicht Gefahr dich in deiner Antwort zu verzetteln, falls du ein paar Monate später wieder darauf angesprochen wirst. Das gleiche gilt auch, wenn dich jemand um einen Gefallen im Zusammenhang mit deinem Unternehmen bittet, dessen Umsetzung aber nichts mit deiner Materie zu tun hat. Lehne ab, sei dabei aber freundlich und bestimmt.

KAPITEL 4:

MONEY ON MY MIND

Als Kreativkopf erfolgreich zu sein und damit seine Moneten für den paradiesischen Lifestyle zu verdienen, wird immer mehr zum Traum der heutigen Generation „Online". Businesskonzepte werden gewälzt, Pläne geschmiedet und die neuesten Trends nicht nur visioniert, sondern in der Küche am Esstisch kreiert und perfektioniert. Es gilt das einzigartige Konzept zu finden, dass einem die Türen in den finanziellen Frieden eröffnen soll. Für all die hoffnungslosen Arbeitnehmer unter uns, für die sich die Ketten an den Bürostühlen nicht mehr mit einem befriedigenden Lebensstil vereinbaren lassen: für euch wurde mit dem Internet eine ganz neue Basis der Unabhängigkeit geschaffen! Auf einmal gibt es die Möglichkeit von überall aus zu arbeiten. Vom Strand in Bali, dem Coffee-Shop in Amsterdam, dem Hotelzimmer in London oder dem Coworking-Space in Berlin, aber auch ganz klassisch in Jogginghose und Strickstrümpfen aus den heimischen vier Wänden. Innovative Ideen spriessen nur noch so aus dem Boden und nun haben wir plötzlich selbst die Kontrolle über unser Leben. Wir können uns die Tage selbst einteilen und auch entscheiden, ob wir heute einen harten Tag mit 16 Stunden Arbeit einplanen oder auch nur mit vieren, a´la Tim Ferris´ 4-Stunden-Arbeitswoche. Wir entscheiden, ob wir um 8 Uhr morgens aus den Federn springen oder erst kurz vor Mittag (hier, schuldig im Sinne der Anklage!) Aber wie kommen wir da hin? Es sind doch noch keine Experten vom Himmel gefallen und ganz anders als Musiker, die mit ihrer neuen Single mit ein bisschen Glück gleich einen Nummer 1-Hit landen können, sieht das mit dem eigenen Business ein bisschen schwieriger aus. Wie schaffen wir den Sprung vom normalen Studentenleben, über den traditionellen Werdegang des treuen Mitarbeiters zum erfolgreichen Unternehmer aus Leidenschaft, der auch noch ein nettes Sümmchen dabei verdient? – denn ja, es dreht sich ja irgendwo immer ums liebe Geld.

Für manche ist das kreative Tüfteln ein Hobby aber für immer mehr Leute wird der Gedanke immer mehr zum ernstzunehmenden Ziel, das sie im Schlaf alle finanziellen Sorgen vergessen lässt. Das Grundproblem ist aber meistens, dass kein Startkapital für den Beginn vorhanden ist und man sich sehr schwer tut, all seine Energien auf das zukünftige Businesskonzept zu legen. Viele schrecken somit in der Planung schon ziemlich schnell zurück, weil sie der Meinung sind, das ohne Geld nichts geht. Warum das nach Blödsinn ist, erkläre ich dir jetzt.

OHNE MOOS NIX LOS – WIE STARTE ICH EIN BUSINESS OHNE GELD?

Manchmal komme ich mir wie in einem Strom einer grossen Bewegung vor. Die Flut an Menschen, die bereit sind alles für ihren Traum stehen und liegen zu lassen, kam mir noch nie grösser vor als im Moment. Die Leute trauen sich – endlich. Sie haben es begriffen, dass sich ihre Zukunft um die eigenen Bedürfnisse drehen sollte. Sie wollen sich austoben, kreativ sein, mit eigenen Ideen spielen, neue Trends setzen und für andere Menschen da sein. Bedürfnisse erkennen, sie fokussieren und Problemstellungen lösen. Das Internet macht es möglich. Genauso wie es auch möglich macht, ein eigenes Business aufzubauen, so quasi ohne Geld. Ich habe Gefallen an diesem Trend gefunden, auch wenn ich normalerweise nicht diejenige bin, die auf Trendzüge aufsteigt. Ich habe selbst am eigenen Leibe gespürt, was es bedeutet, beruflich und persönlich nicht mehr ganz auf der Höhe zu sein. Ich habe auch gefühlt, dass es da mehr geben muss. Irgendetwas, dass möglich sein muss, ohne dafür mit grossem Kapital in Vorkasse gehen zu müssen.

Ich möchte dir nun etwas ganz wichtiges sagen: Pleite zu sein ist keine Schande! Pleite zu sein ist nichts verwerfliches und Pleite zu sein sagt nichts über deine Sozialkompetenz, deine Businesskompetenz und schon dreimal nichts über deine Persönlichkeit aus. Pleite zu sein kann viele Ursachen haben. Es gibt einige, die entweder beim ersten Versuch in die Selbstständigkeit kein glückliches Händchen hatten oder die, die bisher einfach nicht die Möglichkeit hatten, etwas auf die Seite zu sparen. Letzteres ist keine Seltenheit mehr. Nicht jeder wurde mit einem finanziell abgesicherten Background geboren und nicht jeder hatte das Glück, auf seinem Werdegang die richtigen Entscheidungen zum richtigen Zeitpunkt am richtigen Ort treffen zu können. Viele sind schon unter härtesten Bedingungen zur Welt gekommen und konnten sich ihre Umstände einfach nicht aussuchen. Aber auch die haben die gleichen Bedürfnisse wie jeder erfolgsverwöhnter Glückspilz unter uns. Das wichtige ist, das es keine Rolle spielt wo du herkommst, egal welchen Background du hast und ganz egal wie oft du vielleicht schon gescheitert bist, es nie zu spät ist wieder aufzustehen oder neu zu beginnen.

Geld spielt mittlerweile nur eine Untergeordnete Rolle, wenn es um das Gründen eines eigenen kleinen Imperiums geht. Kleine Schritte machen es aus. Dein Wille macht es aus. Und deine Bereitschaft, alles erdenkliche für deinen Traum zu riskieren. Das wichtigste ist, dass du niemals, und ich meine wirklich niemals, aufhörst. Gehe liebe kleine Schritte als keine.

Eine Festanstellung bietet weniger Sicherheiten als du denkst

Unter Kritikern besteht das Argument, dass nichts so sicher sei als ein unbefristeter Job in Festanstellung. Wer aber glaubt, er habe mit seiner Festanstellung noch irgendwas an Sicherheit in der Hinterhand, der täuscht sich gewaltig. Wenn sich dein Chef gegen eine zukünftige Zusammenarbeit entscheidet, hast du einfach verloren. Wenn sich die oberste Etage gegen dich entscheidet, finden sie immer Möglichkeiten dich aus dem Weg zu schaffen. Klagen? Einen jahrelangen Rechtsstreit auf Wiedereinstellung? Oder die Klage wegen ein paar Monatslöhnen? Wenn du gewinnst, hast du dir vielleicht dein Geld gesichert, aber eine Zukunft wirst du in dieser Firma wahrscheinlich nicht mehr sehen. Also muss ohnehin ein neuer Job her. Sei dir deines Sieges nicht so sicher, wenn du denkst, dass dein Arbeitsplatz dir ewige Sicherheit bietet. Nichts ist heute mehr sicher. Jeder ist ersetzbar – auch du! Beginne deine Selbstständigkeit im Nebenerwerb, wenn du Angst vor dem finanziellen Ruin hast. So kriegst du eine weiche Landung hin und kannst nach und nach deine Arbeitszeiten im Hauptjob reduzieren bis du fähig bist auf eigenen Beinen zu stehen. Dieser Werdegang empfiehlt sich besonders, wenn du wirklich nichts auf der hohen Kante hast. Experten empfehlen schliesslich ein Puffer, dass dich die ersten Monate oder sogar ein bis zwei Jahre überbrücken lässt. Die Fixkosten wie Miete, Auto usw. wollen schliesslich immer noch bedient werden.

Beantrage einen Gründerzuschuss

Das deutsche System (in der Schweiz und Österreich gibt es auch etwas in der Art) hat für angehende Selbstständige einen Gründerzuschuss eingerichtet, der unter bestimmten Voraussetzungen für dein Business gewährt wird oder auch nicht. Die Richtlinien sind hier streng gesetzt und ich empfehle dir unbedingt, dich bei den zuständigen Stellen zu informieren. Auch wenn ihn wohl nicht jeder bekommt, ist es sicherlich einen Versuch wert. Informiere dich hier aber gründlich zu den Vorraussetzungen und mache deine Hausaufgaben bevor du ihn beantragst.

Starte ein Online Business

Ohne Moos nix los? – Nicht, wenn du online durchstartest. Die Online-Variante ist im technologischen Zeitalter nicht nur die beliebteste, sondern auch die kostengünstigste, flexibelste und die vielseitigste Variante. Tutorials weit und breit, in jeglichen Formen und Farben. Sie helfen dir mit allem, was für dich in der Aufbauphase und auch später an Arbeit anfällt. Das Internet hat einfach Antworten auf alles. Eine Webseite ist heute in zehn Minuten aufgesetzt, eine eigene Domain mit drei Klicks für ein Schnäppchenpreis gekauft und die Verwaltung kriegst du mit den benutzerfreundlichen Oberflächen der heutigen Content Management Systeme auch ziemlich schnell in den Griff. Nicht zu vergessen: Nirgendwo erreichst du auf einmal so viele Leute und potentielle Kunden als über das Internet – wenn du es richtig machst. Auch die Rahmenbedingungen ermöglichen dir höchste Flexibilität. Deine Arbeitszeiten kannst du dir bestens selbst einteilen denn das Internet macht niemals Mittagspause oder Feierabend. Dein zukünftiger Arbeitsplatz? Laptop, Wi-Fi und deinen kreativen Kopf, mehr brauchst du nicht. Kein Büro, keinen extra Computer, kein Lagerraum (es sei den du verkaufst physische Produkte), kein Personal und keine Ortsgebundenheit. Mit keiner anderen Möglichkeit hast du soviel Vorteile und so wenig Nachteile auf einem Fleck.

Halte Ausgaben so gering wie möglich
Viele Menschen reden von Minimalismus, und mindestens genauso viele ordnen diesen falsch ein. Minimalismus bedeutet nicht, sich von allem zu verabschieden und im Wald in einem Tipi zu leben. Minimalismus bedeutet, sich von all den Sachen zu befreien, die einen physisch und psychisch blockieren. Dinge, die dich unnötig binden, Dinge, die dich finanziell unnötig belasten oder Dinge, die du besitzt, aber schon seit Jahren nicht mehr mit dem blanken Hintern anschaust. Wenn du kein Kapital hast, dass dich in den ersten Monaten finanziell über Wasser halten kann, dann musst du lernen, deine Ausgaben so gering wie möglich zu halten. Verkaufe Dinge, die du nicht mehr benötigst, checke alle Versicherungen auf Notwendigkeit und prüfe, ob du bei den wichtigsten, wie beispielsweise Kranken- und Haftpflichtversicherung, einen besseren Deal abräumen kannst. Eingesparte Monatsprämien können dir unter dem Monat schon mal das letzte Brot bescheren, wenn es darauf ankommt. Esse daheim, anstatt drei Mal in der Woche im Restaurant und fahre mit den Öffentlichen anstatt mit dem Auto, wenn du dich sowieso jedes mal über die Parkplatzsuche beschwerst. Und vor allen Dingen, erspare dir ausgiebige Shopping-Touren. Kein Mensch braucht jeden Monat neue Schuhe, neue Taschen oder neue Jeans. Suche dir einen Bridge-Job

wenn dich dein Hauptjob nicht mehr glücklich stimmt und du das Gefühl hast, du musst da raus. Das ist bisher immer noch die beste Lösung. Lass dich als Bedienung in einem Restaurant anstellen oder setze dich irgendwo an die Kasse. Somit kannst du dich ohne finanziellen Stress auf dein Business konzentrieren und musst nicht jeden Monat um die Miete kämpfen. Viele Newcomer nutzen auch Freelance-Portale und arbeiten auf freiberuflicher Basis, also auf Rechnung. Übersetzer, Texter, Fotograf, Web-Designer, Grafiker und und und. Es gibt tausende Varianten. Melde dich doch mal bei ein paar Plattformen kostenlos an und schaue, was dort für wie viel Geld angeboten wird. Folgende kann ich dir empfehlen:

- Upwork
- Elance
- Freelancer
- Projektwerk

Leider schrecken viele Menschen bei dem Wort „Selbstständigkeit" zurück, weil sie schnell feststellen, dass sie ja wirklich alles selbst machen müssen. Ja, du bist wirklich für alles selbst verantwortlich und ja, es kann richtig geil werden, wenn du dranbleibst und nicht gleich den Schwanz einziehst, wenn schlechte Tage aufkommen. Wer sagt, er traut sich nicht, weil er kein Geld hat, wird es nie tun, denn wem etwas so wichtig ist, dass er dafür bereit ist, Opfer zu bringen, der tut auch alles erdenkliche, um diesen Traum umzusetzen. Am Anfang gehst du durch den Dreck und hast Momente von Rückschlägen und Selbstzweifeln. Du wirst von Fleissarbeit-Jobs leben müssen, wirst lernen müssen zu investieren und vielleicht auch zu verlieren. Wiederrum wirst du ausprobieren, scheitern, gewinnen und immer ein Stück mehr wagen, als es die Konkurrenz tut. Wer selbstständig ist, ist es mit Leib und Seele – und nicht des Geldes wegen. Neulich habe ich folgenden Satz gelesen: „Wer sich nur wegen des Geldes in die Selbstständigkeit stützt, der hat schon verloren bevor er begonnen hat". Auch wenn das eigene Business positive Seiten bringen mag, doppelt so viele stressige Tage werden dich erwarten. Du willst raus aus dem öden 9 to 5? Dann sei dir bewusst, dass deine zukünftigen Arbeitszeiten deine alten um Weiten übertreffen werden – zumindest am Anfang. Du willst dein eigenes Business, weil du finanzielle Unabhängigkeit möchtest? Shopping? Reisen? Ein eigenes Häuschen? Vielleicht in ein paar Jahren. Bis du da hin kommst, werden im Normalfall ein paar Winter in die Lande ziehen. Es dauert eine lange Zeit bis das liebe Geld in Massen kommt. Lass dich nicht von Leuten blenden die es schon geschafft haben. Auch sie haben einen langen Weg hinter sich.

Vertrauen ist das A und O

Du kannst zwar von Vertrauen allein deine Rechnungen noch nicht zahlen, jedoch spielt Vertrauen eine ganz grosse Rolle, wenn du dauerhaft mit deinem Business bestehen möchtest. Vertrauen in dich selbst, in deine Fähigkeiten, in dein Konzept, das Vertrauen zwischen dir und eventuellen Businesspartnern und nicht zuletzt das Vertrauen, dass dir deine Leser schenken werden/müssen/sollten, wenn sie erstmal herausgefunden haben, was du für ein inspirierender und toller Mensch du bist. Selbst in einer Welt, die heute viel von Geld regiert wird, ist ein grosser Punkt nicht verloren gegangen – das Gefühl, das man gut aufgehoben sein möchte. Wenn Menschen einem nicht vertrauen, werden sie sich mit der Person, geschweige dem Produkt oder der Dienstleistung, nicht weiter beschäftigen. Sie werden zum Wettbewerber gehen, der es geschafft hat ihr Vertrauen zu gewinnen. Handle also immer nach bestem Wissen und Gewissen, versuche nie eine Abkürzung zu gehen, nur weil sie vielleicht einfacher erscheint, wenn du dafür mit deiner Glaubwürdigkeit kämpfen musst. Bleibe immer fair, ehrlich, solide und halte deine Versprechen. Sieh das Risiko der Selbstständigkeit als Chance zum Glück.

Ich stimme dir zu, dass Risiko ist da, alles zu verlieren. Niemand verliert und niemand scheitert gerne. Wusstest du aber, dass die Chance statistisch gesehen grösser ist, mit seinem Business erfolgreich zu sein, als als Festangestellter auf Dauer seinen Job zu behalten?

WIE DU TROTZ MAGEREN STARTKAPITALS MONETEN SCHEFFELN KANNST

Auch wenn du zum Start deines kleines Imperiums nicht zwingend viel Geld auf der hohen Kante haben musst, solltest du dich natürlich trotzdem darum kümmern, dass auch fix wieder welches reinkommt. Von Luft und Liebe lebt es sich schliesslich auf Dauer ganz schön ungemütlich. Folgend ein paar Schritte, die du gehen kannst, darfst und auch solltest, um dich finanziell mit deinem StartUp nicht in den absoluten Ruin zu reiten.

Melde ein Gewerbe an

Jeder Mensch weiss, wo Geld fliesst, ist das Finanzamt nicht weit und dabei spielt es keine Rolle in welchem Land du dich aufhältst. Genau so unterschiedlich wie die Steuersätze nämlich sind, sind auch die Strafen, wenn dir der Fiskus auf die Pelle rückt. Bevor du also auch nur irgendwelche Schritte in Sachen Umsatzgenerierung machst, rate ich dir unbedingt, dich bei deiner Gemeinde, deiner Stadt oder wo auch immer du dich aufhältst, nach den Steuerrichtlinien für Kleinunternehmer zu erkundigen. Einen Gewerbeschein zu beantragen ist kein Hexenwerk und kostet auch nicht viel. Wenn du dir nicht sicher bist, wie du dein Gewerbe anmelden sollst oder unter welche

Kategorie dein Unternehmen fällt, dann setze dich am besten mit dem Steuerberater deines Vertrauens zusammen und lasse dich gründlich beraten. Glaube mir: Better safe, then sorry.

Werde Affiliate-Partner

Wenn du nun alles behördliche im Hintergrund in trockenen Tüchern hast, kann es mit der Umsatz-Sause so richtig losgehen. Die erste Möglichkeit für passives und unkompliziertes Einkommen ist Affiliate-Marketing. Als Affiliate-Partner stehst du quasi als Mittelsmann zwischen dem Verkäufer des Produktes, das du bewirbst und dem Endkunden, der dann effektiv das Geld dafür auf den Tisch legt. Deine Umsätze generierst du bei dieser Variante durch Provisionen, die du bei jeden getätigten Kauf anteilig zum Kaufpreis erhältst. Mittlerweile gibt es einige Unternehmen oder sogar komplette Portale, die Affiliate-Programme anbieten. Jedoch ist auch hier zu beachten, dass die Schwierigkeit beim Affiliate-Marketing darin liegt, dass es sich für dich womöglich erst dann lohnen wird, wenn du dir schon eine gewisse Reichweite aufbauen konntest. Je nachdem wie teuer die Produkte nämlich sind, die du bewirbst, verdienst du mit den Provisionen nur ein paar Cent pro Produkt und es dauert eine ganze Weile, bis du damit effektiv deine Fixkosten bedienen kannst. Das schwimmen im Luxus ist daher noch etwas in weite Ferne gerückt als blutiger Anfänger.

Finde Sponsoren

Die Zusammenarbeit mit Unternehmen, Magazinen oder Portalen ist für die kreative Online-Welt gar nicht mehr so unüblich. Jeder zweite erfolgreiche Blogger hat schon mindestens einmal mit Sponsoren in Form von Werbebannern, Advertorials, Sponsored Posts o.ä. zusammengearbeitet. An solche Kooperationen heranzukommen kann zwar je nach Status deines Businesses mehr oder weniger aufwendig werden, wenn du sie jedoch einmal soweit hast, dass sie ihr Interesse bekundet haben, liegt es an dir um die richtigen Konditionen zu pokern. Die Krux an der ganzen Geschichte ist nämlich, sich nicht unter Wert zu verkaufen aber sich mit zu hohen Forderungen auch nicht ins Aus zu schiessen oder sogar lächerlich zu machen. Für gewöhnlich werden dich die Firmen nach deinen Pageviews, respektive deiner Reichweite, fragen um einzuschätzen, wie viel Potenzial für sie bei einem Deal vorhanden ist. Werbung ist schliesslich immer mit Investitionen verbunden und sie wollen so wenig wie möglich Streuverluste verzeichnen. Um deine Pageviews herauszufinden, bist du mit Tools wie Google-Analytics bestens bedient. Für dich ist eigentlich immer nur wichtig, ob der Content, die Werbebanner oder was auch immer auf deiner Seite platziert wird, für deine Leserschaft wertvollen Mehrwert liefert und du diese Kooperationen der Transparenz wegen entsprechend gekennzeichnet hast. Das sollte stets in deinem Fokus stehen. Kein Geld der Welt kann dir nämlich das verlorene Vertrauen deiner Leser wieder schenken, wenn du dein Business nur noch als Marketing-Schleuder für irgendwelche unrelevanten Produkte oder Dienste verwendest. Akzeptiere also nicht irgendwelche Deals, nur um grosses Geld zu kassieren, und opfere nicht dein Ansehen, wenn du dich dabei nicht wohl fühlst, du dich und deine Arbeit nicht ausreichend gewertschätzt siehst oder dich mit einer Zusage unter Wert verkaufen würdest. Dazu tendieren viele der heutigen Unternehmen nämlich noch; sie nehmen die Arbeit der neuen Online-Generation sehr oft nicht so ernst wie sie es sollten. Versuche immer bei einer Kooperationsanfrage herauszufinden, wie viel Arbeit und Aufwand dich diese Zusammenarbeit kosten würde und setze einen Wert für dich und dein Unternehmen fest. Du solltest genau (und realistisch eingeschätzt) wissen, was du und deine Businessidee wert ist. Da ich aber weiss wie schwer es ist, seinen Wert vor allen Dingen am Anfang zu kennen, gibt es nun eine kleine Faustregel, an der sich viele Blogger orientieren.

Nehmen wir mal an, du hast einen Interessenten bezüglich eines Sponsored Posts, du schreibst also einen Artikel, eine Produktvorstellung o.ä. gegen Bezahlung. Um zu wissen, wie viel du nun (unter Berücksichtigung von Thema, Länge und Tiefe des Textes) dafür verlangen kannst, nimmst du nun die Reichweite deines Blogs (Einzigartige Besucher/Monat), teilst sie durch 100 und multiplizierst sie mal zwei.

Beispiel:

5000 Einzigartige Besucher/Monat
5000 / 100 = 50
x 2 = 100

Hier wäre also angebracht zwischen 50 und 100 € für deinen Artikel zu verlangen. Wie viel du tatsächlich verlangst, liegt immer in deinem eigenen ermessen. Am besten du ziehst für dich eine Grenze und versuchst festzulegen, was für dich absolutes Minimum für deine geleistete Arbeit wäre.

Werde tätig als Freelancer

Freelancer zu sein, also als freiberuflicher XYZ zu arbeiten, ist heute absolut im Trend und das tolle ist, du kannst deine Freiberuflichkeit auf wirklich fast alle Branchen und Tätigkeiten anwenden. Web-Designer, Übersetzer, Grafiker, Texter, Photograph, Koch, Wedding Planer, ... Es gibt nahezu nichts mehr, dass man nicht freiberuflich machen kann. Das Komplizierte dabei ist, dass Referenzen deine Preise beeinflussen und du dich am Anfang aufgrund fehlender solcher etwas schwerer tun wirst, an Projekte heranzukommen und sich einen Kundenstamm aufzubauen. Unternehmer schauen sich genau an, wen sie sich da an Bord holen, vor allem dann, wenn sie einen Freelancer engagieren, der ortsunabhängig arbeiten möchte. Ein gewisses Grundvertrauen in sein Können und sein Engagement ist in solchen Fällen immer die gesunde Basis für eine Zusammenarbeit. Sie müssen sich einfach darauf verlassen können, dass er trotz seinen Reisen oder seinem Nomadenleben die Deadlines und Abgabetermine einhält. Um die ersten Referenzen für deine Vita einzuholen, wirst du am Anfang wohl die ein oder anderen Dienste für wenig Geld oder sogar umsonst machen müssen. Mit der Zeit wirst du aber einen tollen Pool beieinander haben, der dir erlauben wird, auch entsprechendes Geld für deine Arbeiten zu verlangen. Du kannst beispielsweise mit Gastbeiträgen anfangen, Logos entwerfen, Webseiten betreuen oder Übersetzungen anfertigen. Denke einfach daran, dich nach jedem abgeschlossenen Projekt um eine Referenz zu bemühen, dass dir deine Kompetenz für die nächsten Kunden bestätigen wird. Was oft auch gut funktioniert, ist, für interessante Kunden oder Unternehmen mit denen du schon immer einmal zusammenarbeiten wolltest, mit einer tollen Projektidee anzuschreiben und konkret einen Vorschlag zu unterbreiten. Die finanziellen Konditionen würde ich dabei nicht bei der ersten Kontaktaufnahme mitschicken, sondern erst einmal abwarten, ob sie tatsächlich Interesse anmelden.

Mache deine Hausaufgaben

Wenn du nach und nach bemerkst, dass deine Bemühungen Früchte tragen und die ersten Scheine reinkommen, solltest du dir so allmählich Gedanken dazu machen, wie es finanziell in deinem Laden weitergehen sollte. Kreativ tätig zu sein ist schön und erfüllend, es gibt aber auch ein Dahinter, wie bei jedem anderen Unternehmen. Auch du musst deine Zahlen kennen, dir Zukunftsziele setzen und vor allem wissen, wie viel du im Monat ausgeben darfst und wie viel du konkret reinbekommen musst um dir deinen Lebensstandard so zu erhalten, wie du dir ihn wünschst. Wie hoch ist das effektive Minimum, dass du im Monat zum Leben brauchst? Also mit Miete, Auto, Handy, Lebensmittel usw. ... Wie viele deiner Produkte müsstest du mit welchen Preisen monatlich an den Mann bringen, damit du schwarze Zahlen schreibst und dein Business auch mit Potenzial nach oben immer weiter ausbauen kannst?

Freue dich über deine Umsätze und ... SPARE!

Ich weiss, ich bin voll der Spiesser, aber du wirst mir für diesen Tipp dankbar sein, wenn du das erste mal eine Durststrecke erleiden wirst. Das Leben eines Entrepreneurs ist nicht immer nur von erfolgreichen Monaten gezeichnet, sondern auch von Leerläufen und Trockenzeiten. Und auch in diesen Zeiten musst du ja von irgendetwas leben können oder nicht? Versuche also nicht immer gleich alles Geld auszugeben und lege immer jeden Monat etwas auf die Seite damit deine Grundsicherung abgedeckt ist. Private Altersvorsorge nennt sich so etwas.

Finde heraus, ob es wirklich das ist was du willst

Nicht jeder kommt auf Dauer damit klar, einsam und allein Tage und Nächte vor dem Laptop zu verbringen und keine Menschenseele um sich herum zu haben. Nicht jeder hat auf Dauer Spass daran, sich ständig neu zu erfinden und immer wieder mit neuen Projekten von vorne anzufangen und zu testen, auszuprobieren und um die Aufmerksamkeit der Zielgruppe zu buhlen. Kannst du wirklich mit dem Stress, den andauernden Existenzängsten und den langen Arbeitstagen umgehen? Kannst du wirklich mit der Unsicherheit leben, dass du nie sicher weisst, wie viel Geld nächsten Monat reinkommen wird? Kannst und willst du wirklich damit leben, dass sich aufgrund deines verändernden Lifestyle´s der Draht zu deinem Umfeld ändern wird und du dich vielleicht damit anfreunden musst, ein paar Leute aus deinem Leben zu verabschieden? Und bist du dir sicher, dass du gegenüber Kritikern und Miesmachern bestand haben wirst und es kein Mensch schaffen wird, dir dein Konzept auszureden? Ich frage dich das nicht um Panik zu verbreiten, aber diese Dinge sind wirklich wichtige Aspekte, die auf dich in einer Selbstständigkeit warten werden und du musst fähig sein, damit umzugehen. Es ist wichtig zu wissen, worauf man sich einlässt. Ein eigenes Business zu führen, ist eben nicht nur von den guten Seiten und dem fliessenden Geld geprägt, sondern auch von viel Stress und viel Arbeit. Dafür gibt es aber auch umso öfter Momente voller Leidenschaft, viel Motivation und dem andauernden Gefühl, das richtige getan zu haben und aus Eigenregie etwas geschaffen zu haben, dass einen wahnsinnigen emotionalen Wert in deinem Leben haben wird. Wenn du erstmal soweit bist, dass du die ersten Erfolge verzeichnen kannst, wirst du mir recht geben. Denke immer daran, das Leben ist zu kurz und es liegt in deiner Hand, ob du das Geld für jemand anderen verdienen möchtest oder dir selbst finanziellen Frieden damit schaffst.

Es ist alles eine Frage der Zeit

Jedes StartUp, jedes Online-Business und jeder Unternehmer wird dir bestätigen können, dass die Entwicklung zu einem profitablem Business nicht gleich über Nacht passiert, sondern dass es eine Frage der Geduld und Ausdauer war, bis die ersten Schwarzen Zahlen geschrieben und das erste Feedback dazu reingekommen ist. Das hat weniger mit deinen Kompetenzen zu tun, aber ein kleines Business muss erst wachsen und die Zielgruppe muss ja auch erstmal erfahren, dass es dich überhaupt gibt. Die meisten Unternehmen machen in den ersten Jahren eher Verluste oder kommen auf Null raus, als das sie enorme Gewinne verzeichnen können. Im Onlinebereich hast du jedoch den Vorteil, dass du im vornherein gar nicht so extrem in die Investitionstasche greifen musst – es sei den du entwickelst und vertreibst wirklich Produkte, deren Herstellung ein grosses Maß an Arbeitsmaterialien oder Equipment voraussetzen. Wenn du als Blogger oder kreativer Künstler mit dir ausmachen kannst, dass du die erste Zeit für sehr wenig Publikum und Geld arbeiten wirst, wirst du auf Dauer wahrscheinlicher erfolgreicher damit sein, als wenn du stets nur die Moneten im Kopf hast. Konzentriere dich auf den Ausbau deiner Reichweite und das Geld wird dir folgen.

Bleibe duselbst,
von den anderen gibt es schon genug!

Das Leben schreibt täglich seine Geschichten und mit jedem Schritt, den wir in unserem Leben tun, verändern wir ein bisschen unseren Kurs. Dasselbe gilt auch für deine Entscheidung etwas grosses aus deinem Leben zu machen. Ein eigenes Business zu gründen fällt nicht mehr in die Kategorie „Esse ich nun ein gekochtes Ei oder ein Brötchen mit Marmelade zum Frühstück?", sondern wird dein Leben im Gegensatz dazu, einmal durch den Fleischwolf drehen, ausspucken und du kannst dann sehen wie du damit zurechtkommst. Den Vergleich mit dem Fleischwolf mag ich deshalb so gerne, weil er ziemlich gut beschreibt, wie die Anfangsphase (sagen wir die ersten ein bis zwei Jahre) so aussehen können. Höhen, Tiefen, Chaos, Glücksmomente, Verzweiflung, Tränen vor Wut, Freundentränen, Cheerleader, Miesmacher, Kritiker, Unterstützer, Durststrecken, grosse Projekte, Höhenflüge, Abstürze, ... ich könnte ewig so weitermachen. Natürlich tendiert man auch nach einiger Zeit im Business immer noch dazu, zu schauen was die Konkurrenz so macht und du wirst Dinge finden, die du richtig toll findest. Dinge, die du dir vielleicht vorher selbst schonmal überlegst und nun siehst, dass sie eigentlich ganz gut ankommen. Also, was machst du? Du gehst sie an; hast dabei aber immer das Projekt im Hinterkopf, dass du bei den anderen gesehen hast. Verstehe mich nicht falsch, ja du kannst dir Inspirationen holen, aber Dinge in irgendwelcher Art und Weise zu kopieren, wird dir in deinem Business keinen grossen Gefallen tun – imagemäßig wie auch rechtlich. Versuche neue Dinge zu erschaffen und sie zu deinem Projekt zu machen. Zeige das Potenzial, dass dich ausmacht und die Leute werden für deine Expertise auch Geld ausgeben.

... und vergesse nicht den Rest

Auch wenn man als Selbstständige sehr schnell mal den Fokus der Finanzen in den Vordergrund rückt, sollte man immer auch im Hinterkopf behalten, dass so ein Online-Business trotzdem noch so viel mehr ist, als die eigentliche Produkte oder Dienstleistungen und deren Umsatz. Es sind noch soviele andere Dinge, die daneben unbedingt noch getan und verwaltet werden müssen. Es geht ums Netzwerken, Social Media Management, SEO, Vertrauen zu Lesern, Kunden und Kooperationspartnern aufbauen, Bildbearbeitung, Pressearbeit, technische Aspekte wie HTML. All diese Dinge, die du als Unternehmer lernen wirst, sind Dinge, die deinen Background nicht nur extrem verfeinern können und dich interessant für Kooperationen machen, sondern die deine Fähigkeiten täglich ausweiten und dich in deiner täglichen Arbeit extrem nach vorne bringen werden.

KAPITEL 5:

ROCK YOUR BUSINESS

    Kennst du nicht auch mindestens eine Person (ob im wahren oder virtuellen Leben) die augenscheinlich alles im Griff hat? Eine Powerfrau mit Ersatzakku im Hintern, die alles und jeden Meilenstein in ihrer Lebensgeschichte mit einem Klacks zu meistern scheint? Eine Frau, die mehrere Projekte gleichzeitig stemmt und wo du dich fragst, wo sie die Zeit und die Energie hernimmt? Solche Frauen sind doch der wahre Graus, oder? Wenn man sie dann fragt, wie sie das alles schaffen, tun sie dann auch noch so, als sei das alles gar nicht so aufwendig und mit „ein bisschen Planung" sei das schon zu hinzukriegen. Die Wahrheit ist, der Aufwand ist wirklich nur pure Organisation. Und ja verdammt, diese Frauen haben sich nunmal einfach im Griff. Diese Alpha-Frauen, wie man sie gerne mal nennt, sind der Inbegriff von starken, selbstbewussten Bad-Ass Frauen, die sich den Standpunkt, an dem sie sich gerade befinden, hart erarbeitet haben. Durch ihre selbstsichere Ausstrahlung wirken sie oft einschüchternd auf ihr Umfeld und nach all den Erfahrungen die sie gemacht haben, scheuen sie nicht mehr davor zurück, offen auszusprechen was sie wollen und sind auch bereit dafür hart zu arbeiten bis sie es bekommen. Alpha-Frauen sind nicht zurückhaltend und ruhen sich auf ihrem Erfolg auch nicht aus. Im Gegenteil, sie sind nach wie vor wissbegierig, lernhungrig und streben nach Grösserem. Sie sind brillant in Sachen Konversation und Kommunikation, sie wissen wie sie auf andere wirken und nutzen dies auch gerne zu ihrem Vorteil. Sie haben keine Angst Dinge an- und auszusprechen und geben einen Scheiss darauf, was andere von ihnen halten. So, und während sich das alles ein bisschen nach einer rücksichtslosen und egoistischen Karrierefrau anhört, sollte man sich all diese Eigenschaften zuerst einmal durch den Kopf gehen lassen bevor man urteilt, denn im Grunde genommen brauchst Du von all dem ein bisschen, um selbst solche Erfolge zu erzielen. Viele Alpha-Frauen sehen sich mit dieser Bezeichnung eher mit einem Kompliment konfrontiert als mit dem Image der rücksichtslosen Kratzbürste. Sie wissen nämlich, welche Hindernisse und Herausforderungen sie auf sich nehmen mussten um so weit zu kommen. Kürzlich habe ich einen Artikel gelesen, der die Eigenschaften einer Alpha-Frau sehr anschaulich beschrieben hat:

„ ... Um eine Alpha-Frau zu werden, musst du zuerst wissen, dass du eine Tür bauen musst, wenn keine vorhanden ist. Wenn das Leben dir keine Tür gibt, dann musst du risikoreich aus dem Fenster klettern und Wege finden um dein Ziel zu erreichen. Als Alpha-Frau ist es wichtig, Gelegenheiten zu sehen, sie wahrzunehmen und sich auch selbst welche zu schaffen. Menschen werden dir im Leben nicht alles geben was du willst, also musst du dafür kämpfen, dass du es bekommst. ..."

Bevor Du also auf die Idee kommst Neid, Bewunderung oder andere Neigungen für diese Spezies zu entwickeln, frage Dich mal, ob Du selbst das Zeug dazu hast ein paar Eigenschaften anzunehmen. So schwierig ist das nämlich gar nicht. Das kann man alles lernen. Hierbei geht es auch weniger darum, jemanden vorzugeben, der du nicht bist, sondern eher, deine Kompetenz mit stolzer Brust schon von Anfang an mit dir zu tragen. Newcomer werden immer gerne etwas belächelt und sie müssen sich für die ersten Aufträge mit viel mehr Überzeugungsarbeit und Einsatz ins Zeug legen, als jemand der schon Jahre im Geschäft ist. Das ist einfach so. Das heisst aber nicht gleich, dass du schlechter oder inkompetenter bist, sondern eher, dass du mehr dafür tun musst, dir diese Aufmerksamkeit einzuheimsen. Wenn nötig auch mit Ellenbogen und Fingerspitzengefühl.

Investiere in Dich selbst

Die grösste und effektivste Investition, die du jemals in deinem Leben tätigen kannst, ist die in dich selbst. Ich verstehe, dass man gerade am Anfang, wenn man noch am meisten mit den Finanzen zu kämpfen hat, sorgfältig abwägen muss, wo man sein Geld ausgibt und was sich hinterher wohl am rentabelsten herausstellt. Deshalb sehe ich zum Beispiel die Investitionen in die richtigen Mentoren oder Coaches als wahre Goldgruben. Sie sind die Quintessenz der Erfahrungen aus einer Quelle, die für Erfolg steht. Sie haben das was du erreichen möchtest schon erreicht und können dir als perfekter Guide zur Seite stehen. Sie lehren anhand von Fehlern und Erfolgen die sie selbst das Leben gelehrt hat und sind in der Lage, dich angemessen durch die Hindernisse, die auf dich warten, zu manövrieren. Essenziell wird die Investition ich dich selbst dann, wenn du selbst deine Expertise verkaufen möchtest. Warum sollte jemand anderes in dich investieren, wenn du nicht bereit bist, es selbst zu tun? Keine Bank wird dir jemals Geld geben, wenn du nicht schon um einiges in Vorleistung gegangen bist. Und dabei rede ich nicht mal zwingend von Geld. Eine Investition steht auch im übertragenen Sinne für den Glauben an sich selbst und das Vertrauen, dass du gut genug bist um auf dieser Welt grossartiges bewirken zu können. All das wird sich auf deine Ausstrahlung und dein Gemüt positiv auswirken, sodass du auf andere Menschen auch so wirkst, wie du wirken möchtest – wie eine selbstsichere Alpha-Frau, die eben alles im Griff hat.

Sei Dein grösster Fan!

Seit es Mrs Globalicious gibt, arbeite ich stets daran, es zu einer wertvollen Ressource für Frauen mit Ambitionen hochzuziehen. Ein wichtiger Entwicklungsschritt war dabei für mich, dass ich mir abgewöhnen musste, selbst schlecht über mich zu reden oder mich immer wieder zum Mensch zweiter Klasse herabzusetzen. Sätze wie „Ach, das kriege ich doch nie hin", „die anderen sind doch viel besser als ich", „war ja klar, dass das nicht funktioniert" oder auch „die werden bestimmt nie mit mir zusammenarbeiten", habe ich einfach aus meinem Wortschatz gestrichen. Die ganze Selbstkritik beiseite geschoben, habe ich es bisher mit ein paar Up´s and Down´s doch alles ganz gut hinbekommen. Ich habe alles allein bewerkstelligt, hatte nie einen Webdesigner, einen Programmierer, einen PR-Agenten oder einen Texter an Bord. Warum mich und meine Arbeit also schlechter machen, als ist sie tatsächlich ist? Ausserdem hatte das streichen übermässiger Selbstkritik noch einen wichtigen, nein sogar sehr wichtigen, Faktor für mich: Mit Mrs Globalicious spreche ich Frauen an, die in ihrem Leben noch etwas reissen wollen, die lernen wollen wie Selbstverwirklichung im Kopf funktioniert. Eine stetige und elementare Message an diese Frauen ist an sich zu glauben und seinen Fähigkeiten zu vertrauen. Wie sollte ich also anderen Frauen beibringen ihr grösster Fan zu sein, wenn ich es nicht selbst zelebrieren würde?

Für viele Menschen sind auch die „Danke, mir geht es gut"-Antworten auf die obligatorische Frage nach dem täglichen Befinden nur typische Floskeln, die man eben so von sich gibt, damit der Small-Talk in Gang kommt. Warum aber nicht mal ernsthaft dazu stehen, dass das Leben toll ist, dass gerade alles gut läuft und einfach mal die positiven Seiten des Lebens sehen. Das Glas einfach mal voll sein lassen. Sein grösster Fan sein. Dieser Schritt wird enorm wichtig, wenn es darum geht, sein Leben zu manifestieren und Ziele mit erhobenem Haupt anzugehen.

EINEN MASTERPLAN FÜR DEN ERFOLG?

Es gab Zeiten in meinem Leben, da war ich von einem Fähnchen im Wind nicht großartig zu unterscheiden. Ich war schon eher schwierig in meinen spätpubertierenden Lebensphasen unterwegs, was es meinen Eltern sicher nicht einfacher machte mit mir umzugehen. Dazu kamen noch meine anderen drei Geschwister, die sich in jedem einzelnen Charakterzug von mir nicht mehr hätten unterscheiden können. Wir sind altersmäßig zwar nicht weit voneinander entfernt, aber charaktermäßig sind wir so unterschiedlich wie Tag und Nacht. Ich war schon immer die Rebellin von uns vieren, hatte schon immer meinen eigenen Kopf und tat mich auch sehr schwer damit, mich mit Regelungen auseinanderzusetzen. Trotz allem bin ich aber Gott sei Dank nie auf die schiefe Bahn gekommen, habe mit Drogen experimentiert oder wurde von der Polizei nach Hause chauffiert. Ich war einfach nicht der Fan von den Regeln und hatte ja sowieso für alles eine bessere Idee. Jedenfalls, Long Story Short, zog ich irgendwann nach München und warf mich damit freiwillig in eine Situation, die mir befremdlicher nicht hätte sein können. Auf einmal kannte ich niemanden mehr, hatte keine vertrauten Gesichter in greifbarer Nähe und war der Anonymität der Grossstadt so vollkommen ausgeliefert. Ich war es nicht gewohnt, keine Freunde und Familie um mich herum zu haben und mich nicht mehr einfach so mit meinen Freunden treffen zu können. Ich musste mich auf einmal selbst darum kümmern, dass mein Kühlschrank am Ende des Monats aus mehr Bestand, als trockenem Toastbrot und Gurken, die schon von allein hätten weglaufen können. Ich musste mich selbst darum kümmern, dass die Miete meines kleinen 35 Quadratmeter Apartments bezahlt wurde und ich war auch allein dafür verantwortlich, pünktlich zur Arbeit zu erscheinen und mich um all meine anderen Pflichten zu kümmern. Ich war ganz auf mich allein gestellt und erfuhr das erste mal in meinem Leben, was es wirklich bedeutete, Verantwortung für mich und mein Handeln zu übernehmen. Ich hatte lange an dieser Einsamkeit zu kauen, stellte aber mit der Zeit fest, dass sie sich eher als langersehnte Freiheit herausstellte, mir eigentlich wirklich gut tat und ich endlich die Möglichkeit bekam, über die Dinge in meinem Leben nachzudenken, die mir wichtig waren. Und das alles ohne das meine Freunde und Familie auch nur im geringsten Maße ein Mitspracherecht hatten. Ich entdeckte den Spaß am Lernen wieder und entschied mich dazu, mich im zweiten Lehrjahr an einer Privatakademie für ein Abendstudium einzuschreiben und den Abschluss in Medienmanagement zu absolvieren. Damit ich mir diese Akademie im Abendstudium leisten konnte, suchte ich mir einen Nebenjob und setze mich drei bis viermal in der Woche in einem Supermarkt an die Kasse. Natürlich machte das bei meinen Arbeitskollegen und meinen Kameraden in der Berufsschule schnell die Runde und man fragte mich, warum ich mir das denn noch antun würde. Es wäre doch viel unterhaltsamer Freitagabend mit ihnen die Klubs unsicher zu machen. Auch wenn ich nicht genau weiß, was mit mir zu dieser Zeit passierte, ich hatte einfach nicht mehr den Drang dazu jeden Abend auszugehen und mein Geld für billigen Alkohol auszugeben. Manchmal kotzte es mich sogar regelrecht an, mich andauernd fremden Menschen in den Bars vorzustellen um dann letztendlich wieder keine wirklichen Freundschaften daraus entstehen zu lassen. Ich war irgendwie plötzlich mehr für mich, genoss die Einsamkeit und verbrachte wirklich gerne Zeit zu Hause. Ich hatte nämlich einen Plan: ich wollte endlich was in den Medien bewegen und mir mit dem Abendstudium zusätzlich zu meiner Ausbildung als Kauffrau eine Tür öffnen, die es mir möglich machen sollte, in diesem Bereich Fuß zu fassen. Ich sah diese neugewonnene Freiheit als Wink des Schicksals, der mir half, mein Leben endlich in die Richtung zu lenken, die sich für mich nach ultimativer Bestimmung anfühlte.

So ziemlich am Anfang des dritten Lehrjahres kam ein guter Freund zu mir und fragte mich nach mehr Informationen über das Abendstudium, dass ich an dieser Privatakademie belegte. Ich erzählte ihm von den Vorlesungen, der Zusammenarbeit mit den grossen Münchner Medienhäusern und was ich mittlerweile alles für meine Vita bewirken konnte. Ich schwärmte in den höchsten Tönen, da ich wirklich einige tolle Sachen erreicht hatte und auch schon einzelne Fächer mit Diplom abschliessen konnte. Er entschied sich kurzer Hand ebenfalls für ein Studium, belegte ebenfalls Kurse im Medienmanagement. Circa ein halbes Jahr später erfuhr ich aber dann, dass er es wieder angebrochen bzw. hingeschmissen hatte. Ich hatte ihn schon über mehrere Wochen nicht mehr gesehen, schrieb ihn dennoch aus reiner Neugier eine E-Mail um zu erfahren was passiert war. Ich hörte lange nichts von ihm, bis ich Wochen später eine Antwort bekam. „Das war total der Reinfall für mich, hat mir gar nichts gebracht. Habe auch festgestellt, dass ich mit der Ausrichtung des Studiums gar nicht wirklich etwas anfangen kann". Ich war verwundert, hatte ich ja noch im Kopf wie er sich damals darauf gefreut hatte und wie überzeugt der davon war, dass es das richtige für ihn sei. Ich hatte irgendwie auch ein schlechtes Gewissen, weil ich mir einredete, dass ich ihn vielleicht zu irgendetwas überredet hatte, dass vielleicht gar nichts für ihn war. Über die Zeit wurde mir aber dann bewusst, dass seine Entscheidung nichts mit mir zu tun hatte und ich nichts dafür konnte. Es war seine Entscheidung, die er für sich getroffen hatte und ich sollte mir keine Schuldzuweisungen oder gar ein schlechtes Gewissen einreden, weil für ihn etwas nicht so funktioniert hatte, wie für mich.

Menschen sind so unterschiedlich, das glaubst du nicht. Und genau so unterschiedlich sind auch die Effekte und die Konsequenzen, die jede einzelne Tat und jede einzelne Entscheidung auf ihr Leben hat. Was für den einen gut funktioniert und für Erfolge im Leben sorgt, muss für den anderen nicht zwingend den gleichen Erfolg bedeuten – selbst wenn sie peinlich genau die gleichen Schritte gehen. Jeder Mensch hat eine Bestimmung und ein Weg, der irgendwo schon geschrieben ist, da glaube ich fest daran. Genauso glaube ich auch daran, dass Dinge, die für einen bestimmt sind nicht an einem vorbeiziehen werden. Ich halte es auch immer für extrem schwierig, wenn man meint, man könnte in seinem Leben alles planen, man hätte Einfluss auf alles und jede Situation. 5-Jahres-Pläne? Kick´ das in die Tonne. Wer weiss den schon was in fünf Jahren passieren wird ... Manchmal ist es einfach nicht möglich fünf Jahre in die Zukunft zu schauen, den mal ganz ehrlich, wenn du heute ganz realistisch auf deine letzten fünf Jahre zurückblickst, wie viele Dinge die du für ich von vornherein geplant waren, sind wirklich eingetreten und wie viele von denen, die effektiv passiert sind, hast du bewusst geplant? Ich weiss ja nicht wie es bei dir ausschaut, aber in meinem Leben ging schon immer alles drunter und drüber und ich muss ganz ehrlich sagen, dass ich heute vor fünf Jahren niemals gedacht hätte, dass ich einmal mein eigenes Magazin führen würde. Ich hätte auch niemals geglaubt, dass es mich in die Schweiz verschlägt. Was sollte ich denn da? Vor fünf Jahren wäre das noch total unlogisch gewesen. Heute vor fünf Jahren, 2011, saß ich noch in den USA und wünschte mir, ich hätte die US-Regierung für ein Visum auf Lebenszeit überreden können. Wenn ich dann nochmals fünf Jahre zurückblicke, 2006, wusste ich noch nicht einmal, dass ich im darauf folgenden Jahr nach München ziehen würde, geschweige denn dass ich irgendwann überhaupt meinen Fuß für längere Zeit auf amerikanischen Boden setzen würde. Sei dir nicht so sicher, dass du die alleinige Entscheidungsgewalt über die Dinge besitzt, die dir in deinem Leben tatsächlich widerfahren. Veränderungen sind immer von verschiedenen Situationen abhängig – vielleicht auch von einem bestimmten Grad an Magie. Von der Familie, von den Dingen, die in deinem Job passieren, ob du ihn behältst oder auch verlierst, welche Menschen du triffst, zum welchen Zeitpunkt du an welchem Ort bist und was du aus Ideen machst. Es gibt keinen Masterplan für den Erfolg, allein schon weil keiner für dich wirklich festlegen kann, was das beste für dich ist. Kein Mensch kennt dich und deine Bedürfnisse so gut wie du selbst. Kreiere deinen eigenen und mache ihn nicht davon abhängig, was für andere gut funktioniert hat, was sie tolles oder schlechtes in ihrem Leben erreicht haben, mit welchen Problemstellungen sie sich arrangieren mussten und welche Umstände, Kontakte oder Weisheiten sie weitergebracht haben. Du musst deinen eigenen Weg finden. Nur weil München für mich auf skurrile Art und Weise funktioniert hat, muss dies für dich nicht genau so funktionieren. Nur weil ich meine Erfüllung in Los Angeles gefunden habe, muss das für dich ebenfalls nicht das gleiche bedeuten. Gehe deine eigenen Schritte, stelle deine eigenen Regeln auf und kreiere deine eigene Vision.

WAS DU VON DEINEM JOB IN DEINE SELBSTSTÄNDIGKEIT MITNEHMEN KANNST

Wir leben heute in einer Zeit, wo das vor sich hinvegetieren in einem Job, den wir hassen, schon fast schlimmer ist, als der Umstand gar keinen Job mehr zu haben. Ist das nicht erschreckend? Auch wenn eine Arbeitslosigkeit uns den Schauer über den Rücken treibt und sie uns so gar keine finanzielle Sicherheit mehr bietet, sind wir emotional gesehen viel schlimmer und depressiver dran, wenn wir uns über Wochen, Monate oder sogar Jahre an einen Job oder eine Firma notgedrungen binden, die uns erst in diese Depressionen treibt. Auch ich habe mich sehr lange an einen Job gebunden, der mich einfach nicht glücklich gemacht hat. Dabei war ich wohl noch eine von den harmloseren Beispielen, da ich weniger das Problem mit meinen Vorgesetzten, meinen Arbeitskollegen oder dem Aufgabenfeld hatte, sondern eher keine Zukunftsperspektive in dem sah, was ich dort Tag ein und Tag aus zelebrierte. Ich hatte das Gefühl, dass ich mit jedem Tag, den ich in diesem Büro verbrachte wertvolle Zeit verstreichen liess, weil ich nicht den Mumm dazu hatte, endlich dafür einzustehen, was mir wichtig war. Doch auch wenn ich nun fast 29 Jahre gebraucht habe um meinen Selbstwert an den Punkt zu bringen, wo ich merkte, dass es Zeit wird, für mich einzustehen und das zu zeigen, was ich kann, gibt es trotzdem einige Dinge, die ich von meinem Job in meine Selbstständigkeit mitnehmen kann.

Durchsetzungsstärke und Mut zum Risiko

Was erfordert bitte mehr Mut, als allen Sicherheiten den Rücken zu kehren und gegen anraten von Freunden und Familie, sich trotzdem für sein eigenes Ding zu entscheiden? Eins ist klar, wenn du sagst, dass du gehst, solltest du auch den Willen haben, es auch wirklich durchzuziehen. Und das nicht nur um deines Images Willen, sondern vor allem um dich selbst auch ein bisschen unter Druck zu setzen. Wenn du hier den Ausweg aus dem Hamsterrad voller Unsicherheiten nicht findest, endet deine Entscheidung in einem Spießrutenlauf und keiner kennt sich mehr aus – weder dein Chef („will sie nun gehen oder nicht?"), deine Familie, noch du selbst. Bleibe bei deiner Entscheidung sobald du sie einmal gefällt hast und sei bereit dich mit allem auseinanderzusetzen (positiv und negativ) was auf dich zukommen wird. Diese Tugend wird dich als selbstständige Unternehmerin ab sofort für dein Leben lang begleiten und du wirst sehen, es wird spannend, aber noch lange nicht so schlimm wie du vielleicht am Anfang denkst.

Deine Ausdauer ist nun deine Geheimwaffe

Egal mit welchem Business du in deinen Neuanfang startest, aller Anfang ist schwer und mühsam und du wirst dich irgendwann selbst mit einem Marathonläufer vergleichen, der auf seinem Weg über so einige Hindernisse springen und sie beiseite schaffen muss. Du hast dich nun schon über lange Zeit in deinem alten verhassten Job über Wasser gehalten, hast Menschen die Stange gehalten, die es womöglich gar nicht verdient haben und du hast schon lange vor deiner Kündigung an deiner Vision gefeilt und sie so perfektioniert, dass du nun mit (fast) ruhigem Gewissen dir zutrauen kannst, nun zu springen. Das nenne ich Ausdauer.

Negativität zeigst du nun die Tür

Du hast dich in deinem Job bisher mit lauter negativen Menschen herumschlagen müssen? Warst immer der Prellbock für deinen Chef? Hast unter den Ellbogenkämpfen deiner Arbeitskollegen leiden müssen? Ich kann dir zwar sagen, dass es besser wird, aber so ganz aufhören wird es wahrscheinlich auch in einer Selbstständigkeit nicht. Es wird wenn dann nur in anderer Form auftreten. Wenn du eine bestimmte Grösse mit deinem Business erreicht hast, könnten sich deine Mitstreiter durch deine Anwesenheit und dein starkes Portfolio bedroht fühlen und vielleicht auch irgendwie versuchen ihrem Frust Gehör zu verschaffen. Da du nun aber gelernt hast, damit umzugehen, bist du etwas gelassener und wirst dich besser damit zurechtfinden. In der Regeln beissen die Hunde die Bellen nicht und mit einer gesunden Portion Ignoranz fährst du in den meisten Fällen am besten.

Dein Sinn für deine Intuition und deine Bedürfnisse ist geschärft

Wenn du es einmal geschafft hast auf deinen Bauch und deinen inneren Ruf zu mehr zu hören und ihm auch zu folgen, dann wirst du mit dieser Entscheidung auch in Zukunft deine Wege gehen. Egal ob du nun gleich Erfolge erntest oder auch erst zu einem späteren Zeitpunkt, das Hauptelement der Glücksgefühle liegt darin, wie du dich mit deiner Entscheidung fühlst, sobald du sie gefällt hast und dich von den Altlasten befreit hast. Kennst du das Gefühl, wenn du einmal in deinem Leben etwas mutiges getan hast und dich hinterher so befriedigt und bestätigt in deiner Entscheidung fühlst, dass du dir nun sicher bist, das kannst du noch mal tun? In Zukunft wirst du nicht mehr so schnell an einem Ja oder Nein zweifeln, sondern das tun, was sich für dich über lange Zeit richtig anfühlt.

Du weisst, was es heisst, in Stresssituationen abzuliefern

Das Postfach quillt über, das Telefon klingelt am laufenden Band, du musst deinen letzten Klienten noch Rückmeldung geben und dein Hund muss auch noch raus. Ausserdem steht dein Partner schon zum dritten mal an der Tür und fragt, ob ihr nun endlich zu Abend essen könnt, weil das Essen sonst kalt wird und du hast seit Tagen schon die Deadline für dein Buchprojekt im Hinterkopf, dass dich schon fast auffrisst. Ja, es heisst ja, dass manche einen gewissen Stresspegel brauchen um effektiv arbeiten zu können, aber nicht jeder hat damit so sein Glückshändchen. Wenn ich etwas an meinem alten Job gehasst habe, dann waren es die Tage vom Redaktionsschluss. Wenn plötzlich die ganze Redaktion wie aufgehetzte Taranteln durch das Büro gehetzt wurde und keiner einem eine richtige Antwort auf seine Frage geben konnte, weil alle ja so unter Stress standen. Eigentlich gibt es so gut wie keinen Arbeitsplatz der nicht irgendwann mit einem erhöhten Stresspegel ausgestattet wird. Und denke auch bloss nicht daran, dass das mit der Selbstständigkeit aufhört. Nun bist du aber vorgewarnt, da du weisst wie du unter Stress funktionierst und kannst dir auch ruhiger deine Zeiten selbst einteilen um entsprechend solchen Stresssituationen vorzubeugen.

Du weisst, was es heisst, zweigleisig zu fahren

Die meisten Newcomer in der Unternehmerwelt fangen für gewöhnlich ja erstmal mit einem Sidebusiness parallel zum Vollzeitjob an und begeben sich dann mit wachsendem Umsatz immer mehr raus aus dem alten Job und rein in die neu gewonnene Freiheit als Unternehmer. Wenn du auch zu dieser Gattung Newcomer gehörst, dann weisst du ja was es heisst, zweigleisig zu fahren und sich um mehrere Dinge gleichzeitig zu kümmern. Diese Erfahrung wird dich nun als Unternehmerin auch weiterbringen, da du immer mal wieder mehrere Projekte unabhängig voneinander betreuen kannst.

Du hast immer einen Plan B parat

So gerne wir unser Sicherheitsdenken auch abstellen würden, ein kleiner Fels in der Brandung gibt uns immer ein gutes Gefühl und bewahrt uns davor wirklich im Worst-Case auf der

Strasse zu landen. Für gewöhnlich ist im klassischen Arbeitnehmerleben immer für ein Sicherheitsnetz gesorgt, für das muss man nun selbst einstehen. Auch wenn der Schritt in die Selbstverwirklichung zum grössten Teil eine Herzentscheidung ist, sollte immer auch ein gesunder Menschenverstand einen gewissen Grad an Mitspracherecht haben. Und für solche Momente gibt es immer einen Plan B – auch wenn es nur darum geht, ein Dach über dem Kopf bei Freunden oder Familie zu haben. Dieses Sicherheitsnetz ist gerade dann wichtig, wenn du wie ich alle Zelte abbrichst und für kurze Zeit eine Durststrecke durchmachen musst.

„BIN ICH ZU LAHMARSCHIG?" – SETZE PRIORITÄTEN!

In der Ruhe liegt die Kraft, richtig? Richtig. Wenn das nur so einfach umzusetzen wäre. Gerade wenn man versucht, sein eigenes Business aufzubauen, hat man alle Hände voll zu tun. Die Webseite muss erstellt werden und die Fragen nach Design und Plugins bilden die ersten Hürden. Für welches CMS entscheide ich mich? Wo gebe ich Geld aus und wofür besser noch nicht? Fotos müssen geschossen, bearbeitet und Texte müssen für den Content geschrieben werden. Eine Marketing Strategie muss her. Newsletter, ein Dankeschön-Freebie, Landingpages, Gastbeträge, das Akquirieren von Kooperationspartnern, nochmals Texte schreiben und zuletzt pflegen sich die Social Media Kanäle auch nicht von allein. Früher oder später möchte man auch Geld verdienen, also gilt es parallel zu dem ohnehin vorhandenen Chaos auch noch ein Produkt oder eine Dienstleistung zu entwickeln, die ganz grosses Potenzial hat. Und damit fängt alles wieder von vorne an. Die To Do-Liste wächst ins Unermessliche, die erledigten Aufgaben brauchen dank des ausgereiften Perfektionismus drei Mal länger als veranschlagt und überhaupt scheinen alle anderen ja schon so viel weiter zu sein, als man selbst. Jeden einzelnen Tag fragt man sich, wo man am besten anfangen soll, ob man die Prioritäten richtig setzt und versucht wie ein fleissiges Bienchen überall die Löcher zu stopfen um endlich in die Pötte zu kommen. Ja meine Liebe, das ist Business – und lass dir gesagt sein: Das Gefühl wird nie aufhören, du wirst lediglich lernen damit umzugehen. Der Tag hat nunmal nur 24 Stunden und was heute nicht erledigt ist, muss dann eben bis morgen warten. Bevor ich dir nun ein paar Tipps für dein geordnetes Chaos an die Hand gebe, möchte ich dir eines auf den Weg mitgeben:

It takes as long as it takes!

Ich weiss noch, wie ich vor ein paar Monaten frustriert auf meine Aufgabenliste schielte. So viele Punkte, die noch erledigt werden wollten. Viele davon waren kleinere und leicht abzuhakende Dinge, bei einigen davon wusste ich aber im vornherein, dass diese nicht innerhalb von zwei Stunden umsetzbar waren. Ich sprach mit einer guten Freundin über die anfallenden Aufgaben und dass es mich so dermassen nervte, dass ich für die Umsetzung so lange brauchte. Ich erzählte ihr davon, dass ich das Gefühl hatte zu lahmarschig zu sein und nicht voranzukommen und dass es mir einfach schwer fiel, die richtige Prioritäten zu setzen. Am liebsten hätte ich alles auf einmal erledigt. Das einzige, was sie zu mir sagte, war: „Ich verstehe deine Aufregung nicht. Es gibt doch keinen Abgabetermin oder jemand der ihn bestimmen würde, oder?". Und sie hatte ja so recht. Ich erinnerte mich wieder daran, das der Grund, warum ich in die Selbstständigkeit ging, ja die Freiheit und meine Selbstbestimmung war und dass es eben niemanden mehr geben sollte, der mich hetzt oder meine Arbeit nach Qualität oder Schnelligkeit beurteilen würde. Wenn du dich also in diesen Zeilen wieder findest und noch immer nach der perfekten Lösung suchst, habe ich für dich ein paar Tipps zusammengestellt. Sie sollen dir helfen, einen geordneten und klaren Kopf zu bekommen.

The bigger the gift, the longer it takes

Was du dir mit deinem Projekt vorgenommen hast, ist wirklich ganz grosses Kino. Gross im Sinne von grossartig, aber auch gross im Sinne von aufwendig. Dass ein Business innerhalb von zwei bis drei Monaten auf die Beine gestellt werden kann, ist vielleicht technisch möglich, jedoch ist das Wachstum und die Reife nochmals eine andere Baustelle, die du einfach nicht beeinflussen kannst, so sehr du dich auch anstrengst. Hier ist Herz und Persönlichkeit gefragt. All diese Dinge, die man virtuell und real nicht messen kann.

Jedes Business ist wie ein Rohdiamant, der erst noch geschliffen werden muss. Und das braucht einfach Zeit. Zeit, die richtige Form zu finden. Wenn deine Ideen übersprudeln und du an allen Ecken und Enden Baustellen hast, dann musst du dir selbst auch die Zeit eingestehen, dass alles gesund wachsen kann. Mein Coach sagte einmal zu mir „The bigger the Gift, the longer it takes". Was sie damit meinte war, dass alles gute Zeit zum reifen braucht, wenn es wirklich gut werden soll. Und um so grösser der Traum ist, desto länger wird die Reifephase dauern. Die entscheidenden Mittel hast du bereits. Du hast die Vision, du hast den Ehrgeiz, du hast die Energie und du hast den Willen, etwas in deinem Leben ändern zu wollen. Dass sind alles Dinge, die Raum brauchen um wirken zu können. Warum sich also selbst hetzen? Es gibt keinen Grund auf dieser Welt, warum deine Idee nicht funktionieren sollte!

Vergleiche dich nicht mit anderen

Auch wenn ich das wohl schon gefühlte 500 000 mal gesagt habe – es ist wirklich so etwas von Wurscht, was die anderen neben dir machen! Mache nicht den Fehler und vergleiche dich mit anderen aus deiner Nische. Nutze sie als Inspiration aber fühle dich niemals dazu verpflichtet, in irgendeiner Weise nachziehen zu müssen, weil sie vielleicht gerade einem Trend folgen den du noch nicht auf dem Schirm hast. Selbstverwirklichung hat was mit „selbst verwirklichen" zu tun und das würdest du ja nicht tun, wenn du jeden Schmarrn nachmachst, den die anderen fabrizieren, oder? Also, wenn jeder einen Onlinekurs auf den Markt bringt und du das noch nicht mal angedacht hast, weil es nicht zu deinem Projekt passt, ist das vollkommen OK, ehrlich. Wenn sich alle auf Snapchat anmelden und mittlerweile acht verschiedene Social Media Kanäle bedienen, du aber lediglich bei Facebook und Instagram deine Leser auf dem Laufenden hältst, ist das auch vollkommen OK. Ich kenne eine Bloggerin, die verzichtet sogar komplett, also so wirklich komplett, auf Social Media und hat ihre Leser so „erzogen", dass es sie eben nur über den Newsletter und ihre Webseite zu bestaunen gibt. Und ihre Bude rennt wie blöd. Klar ist Leserbindung wichtig, aber hier geht es immer noch in erster Linie um dich und um die Dinge, die dein Herz bereichern. Wenn ich immer höre, dass man das tun soll, was die Leser wollen, stellen sich bei mir immer etwas die Nackenhaare. Meiner Meinung kann nichts authentisches dabei herauskommen, wenn ich bei meinem Herzensprojekt schon wieder nur nach der Pfeife anderer tanzen muss. Dann hätte ich gleich in meinem alten Job bleiben können.

Setze dir Tagesziele

Entgegen aller Vorstellungen hat die Selbstständigkeit vor allem am Anfang weniger was mit einem gechilltem Leben zu tun. Sicherlich, du kannst sie dir selbst einteilen, aber Fakt ist, zwölf Stunden Tage sind wahrscheinlich keine Seltenheit und du wirst die meiste Arbeit allein machen müssen. Dessen bist du dir aber sicherlich schon bewusst. Folgende Tipps helfen dir, das Maximum an Produktivität aus deinem Tag herauszuholen:

- Plane deinen Tag am Abend zuvor
- Mache eine To Do Liste mit Zeiteinschätzungen
- Beseitige alle Störungen während du arbeitest (Facebook, Twitter, Handy aus, informiere deine Mitbewohner das du nun Zeit für die Arbeit brauchst
- Wechsele die Location wenn nötig (vielleicht in eine Bibliothek, in den Park oder in dein Homeoffice). Manche werden kreativer, wenn sie aus der gewohnten Umgebung herauskommen und ihren Horizont für neue Dinge öffnen können.

Wie bereits erwähnt, meine To-Do Liste liegt derzeit bei mehreren DIN A4 Seiten, die sich rein um technische Belange, Marketing Strategien und angehende Projekte dreht. Mal geht sie runter auf drei Seiten, steigt aber an kreativen Tagen auch bis auf fünf Seiten. Realistisch gesehen, ist es schlichtweg einfach nicht möglich, alle diese Dinge gleichzeitig und komplett auszuführen, schon gar nicht an einem Tag. Ich versuche täglich von allem ein bisschen zu machen um überall etwas voranzukommen, vor allem was grössere Dinge wie SEO, meine Schreibarbeiten oder andere Dinge betrifft, die einen grösseren Aufwand zur Fertigstellung mit sich bringen. Hier setze ich mir meist Tagesziele, wie mindestens 2000 geschriebene Wörter oder eine Stunde effektive Arbeit in SEO. „Kleinere Aufgaben", wie einen neuen Post schreiben, Bilder bearbeiten oder die Social Media Planung für die kommende Woche, ziehe ich meist am Stück durch, sodass ich diese Aufgaben auch als komplett abhaken kann. Ich muss eingestehen, dieses an allen Ecken arbeiten hat positive aber auch negative Seiten. Zum einen kommst du überall immer ein kleines Stück voran, andererseits musst du dich immer wieder in die neue Aufgabe hineindenken und wirst nirgendwo so richtig fertig. Wenn du also eher der Typ bist, der Dinge komplett zu Ende bringen möchte, bevor er etwas anderes anfängt, solltest du dir lieber eine grosse Aufgabe für den Tag vornehmen und sie dann auch komplett in der Umsetzung durchziehen. Lieber eine, als keine.

Gib deinen Aufgaben einen klaren Wert

Gerade bei grossen To-Do´s, die in der Gesamtumsetzung mehr als einen Tag brauchen würden, ist es sinnvoll, wenn du sie noch etwas weiter herunter brichst, sodass du nicht ständig das gesamte Ausmass vor Augen hast. Ein kleines Beispiel: Du schreibst ein Buch. Wenn nun auf deiner To-Do Liste steht „Buch weiter schreiben", ist das keine klar definierte Aufgabe die du abhaken kannst, da in diesem Punkt sehr viel Spielraum enthalten ist und du eher unwahrscheinlich das Buch an einem Tag komplett fertig bekommst. Also, was heisst denn weiterschreiben? Bedeutet das ein Satz? Bedeutet das drei Seiten oder bedeutet das zwei Kapitel? Breche die Aufgabe soweit herunter, dass sie einen klaren Wert hat. Setze dir ein klares Ziel, wie „2000 Wörter schreiben" oder „Kapitel drei komplett" oder „Cover für Buch fertig stellen". Du wirst sehen, es wird einfacher den Haken dahinter zu setzen und du bekommst wirklich das Gefühl, etwas geleistet zu haben.

Führe zwei To-Do Listen

Das hört sich schlimmer an als es ist. Diese Art der Arbeitsbewältigung wird dir wirklich helfen, voranzukommen. Also, führe eine allgemeine To-Do Liste, die so komplett alles auflistet, was noch ansteht. Alles was Webseite, Marketing, Design, Themenideen und was auch immer betrifft, kommt hier drauf. Du kannst die Dinge ja noch kategorisieren wenn es dir so einfacher fällt, den Überblick zu behalten. Aber so hast du alles was noch erledigt werden muss auf einem Blatt und nicht auf zwanzig verschiedenen, die dir vielleicht irgendwo mal untergehen. Aus der nächsten To-Do Liste machst du ein tägliches Hausaufgabenblatt – wie früher in der Schule. Das heisst, du schreibst dir von deiner grossen Liste maximal fünf Dinge heraus, die du an diesem einen Tag erledigt haben möchtest. Bei dieser ist es wirklich wichtig, dass sie überschaubar bleibt und nur maximal fünf Dinge umfasst, die auch zeitlich umsetzbar sind. Wenn du an diesem Tag vielleicht noch arbeiten musst oder andere Termine hast, dann nehme dir vielleicht auch nur zwei vor, die du aber dann auch konsequent verfolgst.

Führe ebenso eine Done-Liste

Du kennst sicherlich den Druck, dem man sich aussetzt, wenn man jeden Tag eine ewig lange To-Do Liste abzuarbeiten hat und dadurch das Gefühl bekommt, einfach nicht in die Pötte zu kommen. Nun möchte ich die andere Seite der Medaille beleuchten und dir verraten, warum du nicht nur eine Done-Liste führen solltest, sondern auch, warum sie dein Ego beflügeln wird.

Ich glaube wir sind uns einig wenn ich sage, dass kleine Erfolgserlebnisse wichtig für das Ego sind, oder? Bei den Tausenden Fragen, Tausenden Aufgaben und Tausenden Dingen, die dich tagtäglich beschäftigen, ist es enorm wichtig auch mal etwas herunterzufahren und sich dessen bewusst zu werden, was man schon erreicht hat. Viele vergessen im alltäglichen Wahnsinn auf das zurückzublicken, was man im Leben schon erreicht hat. Und selbst wenn es nur kleine Dinge sind, sie füttern das Ego mit Endorphinen und geben einem das Gefühl, dass man es zu etwas gebracht hat. Deshalb empfehle ich dir auch eine Done-Liste zu führen, wo alle Dinge hingehören, die du schon erreicht hast. Das können einzelne abgeschlossene Kampagnen mit Kooperationspartnern sein, ein monatlicher Auszug über deine Einnahmen oder ein wöchentlicher Überblick über deine gestiegenen Followerzahlen. Eben alles, was dich auf Wolke sieben bringt. Wie diese Liste aussieht, ist ganz dir überlassen. Es kann auch eine Pinnwand sein, wo du Dinge hinheftest, die dich an diese Momente erinnern.

Dennoch ist bei To-Do Listen aber Vorsicht geboten. Sie geben dir zwar das Gefühl von Kontrolle, eigentlich sorgen sie aber mehr für Frustration, Druck, Schuldgefühlen, Stress und das Gefühl, nicht voranzukommen. Spätestens wenn du an den Punkt kommst, wo du eine Aufgabe ewig vor dir herschiebst, verfällst du schnell in Lustlosigkeit und die Motivation für die eigentliche Sache geht flöten. Warum To-Do Listen manchmal nicht wirken? Na weil sie nie komplett abgehakt werden. Es gibt einfach kein Ende und es gibt immer, immer, immer Dinge zu tun. Trotzdem sind sie aber nunmal wichtig für dich um den Überblick über dein geordnetes Chaos zu behalten. Du musst eben nur wissen, wie du mit ihnen umgehen sollst. Ideen, Grossprojekte, die zwar schnell notiert sind aber in der kompletten Umsetzung Ewigkeiten brauchen, sind schneller aufgeschrieben, als dass man sich effektiv Gedanken darüber machen kann, was sie für einen Aufwand für dich bedeuten würden. Das Problem ist, je gröber du sie notierst, umso schwerer wird es dir fallen sie umzusetzen. Das gilt besonders für Projekte die ein Open End haben, wie Social Media Planung, Recherche, SEO, Marketing, usw. Diese Tasks haben kein Ende, weil sie für dein Business überlebenswichtig sind und daher Non-Stop einbezogen werden müssen. Weiteres Beispiel: Wenn ich meine Social Media Planung mache, dann arbeite ich immer eine Woche im Voraus und terminiere meine Beiträge so, dass ich unter der Woche Zeit habe, mich um meinen anderen Kram zu kümmern. So, und jetzt kommt`s: Nach der Planung ist vor der Planung. Die Woche darauf will ja dann auch wieder geplant werden. Beiträge schreiben: Gleiches Thema. Du kannst einzelne Beiträge vielleicht auf deiner To-Do Liste abhaken, aber du wirst in Zukunft auch wieder neuen Content brauchen, also auch hier: Nach der Planung ist vor der Planung. Liste die Beiträge also einzeln auf deiner To-Do Liste auf, dass du weisst, welche erledigt sind. Wenn nur „Content für Webseite" auf der Liste stehen würde, würde die Aufgabe nie abgehakt werden können. Erfahrungsgemäss tut sich jeder leichter damit, kleinere Dinge auf seiner To-Do Liste abzuhaken, weil sie unserem Gehirn weniger Aufwand und weniger Stress versprechen. Wenn du einen Punkt zu grob auf deiner To-Do Liste vermerkst, wirst du sehen, dass es ein Punkt werden wird, vor dem du dich ewig drücken wirst. Also breche ihn herunter und du wirst sehen, dass kleinere Punkte gleich eine grössere Wahrscheinlichkeit bedeuten, sie früher abzuhaken und auf die Done-Liste zu setzen.

WIE DU DAS MAXIMUM AN PRODUKTIVITÄT AUS DIR HERAUSHOLST

Weisst du was das erste war, dass ich getan habe, als ich mich aus meiner Festanstellung gelöst und meine Freiheit nun in vollen Zügen genossen habe? Ich habe erstmal ausgeschlafen! Ja, im ernst. Meine erste Amtshandlung als vollkommen selbstbestimmter Mensch, dem man nicht mehr vorzuschreiben hatte, er soll morgens um 8 Uhr hochmotiviert hier oder dort fröhlich und gesprächig sein, war mir meine ersten Regeln aufzustellen. Somit habe ich nun meinen Körper entscheiden lassen, wann er ausgeschlafen und aufnahmefähig ist. Nun bin ich jeden morgen wirklich motiviert, gut gelaunt und kann mich produktiv meinem Arbeitstag widmen. In der Regel wache ich zwischen 9.30 Uhr und 10.30 Uhr ohne Wecker auf, bleibe erstmal noch etwas im Delirium im Bett liegen und gehe dann für eine Katzenwäsche ins Bad, bevor ich mich anziehe und mit meinem Hund gemütlich laufen gehe. Ein Frühstücker bin ich nicht, war ich noch nie. Zu meiner Schande muss ich mir auch noch ein weiteres übel auf meine Fahne schreiben: ich gehöre doch tatsächlich zu den Menschen, die morgens nach dem Aufstehen gleich ihre E-Mails checken. Glaube mir, ich habe tatsächlich schon versucht es sein zu lassen, aber irgendwann auch wieder aufgegeben, bringt nix. Ich muss aber auch gestehen, dass ich in meinem Posteingang für gewöhnlich auch keine stressenden oder negativen Nachrichten finde, daher ebenfalls auch hier kein Grund der Sorge, dass mein Tag dadurch negativer starten könnte. Ich fühl mich ehrlich gesagt so sogar noch besser, wenn ich weiss, was mich erwartet, wenn ich mich dann später an die Arbeit mache.

Nachdem ich also mit Ronja frische Luft geschnuppert habe, schwinge ich mich ins Bad um mich der Zivilisation ohne schlechtes Gewissen nähern zu können und nicht wie ein pubertierender Gollum auszusehen. Ich fange für gewöhnlich gegen 11.30 Uhr oder 12 Uhr mit meiner Arbeit am Schreibtisch an. Zuerst ordne ich meinen Posteingang, was erledigt und beantwortet ist, fliegt raus oder in die Ablage. Ich versuche die kleinen Dinge immer gleich zu machen, was weg ist, ist weg. Als nächstes werfe ich einen Blick auf meine To Do-Liste, auf der alle meine Tasks nach Kategorien gesammelt sind und suche mir drei, maximal vier für den heutigen Tag aus. Für gewöhnlich ist darunter mindestens eine grosse Sache, deren Umsetzung längere Zeit in Anspruch nimmt und ein paar kleinere. Die umfassen in der Regel, das beantworten von Feedback oder die Korrespondenz mit Kooperationspartnern oder in der Mrs Globalicious Community. Ich versuche auch immer realistisch einzuschätzen, ob mir mein Tag zeitlich für die Erledigung aller ausgewählten Tagesaufgaben reicht, da es mein Ziel ist, überall am Ende des Tages einen Haken zu setzen. Wenn die kleineren Dinge erledigt sind, mache ich mich an die grossen Sachen, wie das Schreiben von Artikeln, Gastbeiträgen, Interviews oder andere Projekte, die meine volle Konzentration erfordern. Im Prinzip zieht sich dieses Schema für den restlichen Tag durch, mit der Ausnahme, dass ich mir alle zwei bis drei Stunden eine kurze Pause gönne um mir die Füsse zu vertreten und mein Gehirn mal schnell durchschnaufen zu lassen. In dieser Zeit surfe ich vielleicht ein bisschen im Internet, gehe nochmals kurz mit dem Hund raus oder telefoniere.

So, nun stehe ich zwar nicht morgens um 8 auf der Matte, jedoch heisst das nicht, dass ich um 17 Uhr wieder den Stift fallen lasse. Ganz im Gegenteil, ich arbeite dafür bis weit nach Mitternacht, lege meine Korrespondenzzeiten mit Kunden, Klienten oder Kooperationspartnern auf den Nachmittag und meine kreativen Schaffenszeiten auf den Abend bzw. in die Nacht, wenn alles ruhig ist und ich keine Störenfriede erwarten muss. Meinen Arbeitstag schliesse ich in der Regel damit ab, dass ich meine To Do-Liste aktualisiere, die erledigten Dinge abhake und mir schonmal kurz darüber Gedanken mache, was morgen anstehen könnte. So wie ich nun meine Strategie zugunsten meiner Produktivität festgelegt habe, hat jeder erfolgreiche Unternehmer seine eigene Strategie wie er seinen Alltag bewältigt. Manche starten ihren Arbeitstag mit zwei Stunden Joggen morgens um 6, manche trinken ihren Spezialdrink, manche Meditieren oder andere machen wieder etwas anderes. Ich habe auch schon so einige Dinge ausprobiert, bin aber an vielen Dingen schon allein daran gescheitert, dass ich einfach nicht aus dem Bett komme. Ich bin einfach kein Morgenmensch. Das habe ich mittlerweile einfach so hingenommen, denn ehrlich gesagt ist das ja auch nicht zwingend das schlimmste Übel. Ich habe es einfach akzeptiert und es geht mir gut damit. Damit du aber lernst deinen Tag entsprechend produktiv einzuteilen und mit all deinen Aufgaben auch erfolgreich in die Umsetzung gehst, habe ich ein paar Anhaltspunkte, die für dich interessant sein könnten.

Lerne, Prioritäten zu setzen

Wenn du schonmal mit einer To Do-Liste gearbeitet hast, dann weisst du auch, dass anfallende Aufgaben irgendwann in pures Chaos umschlagen. Mit der Zeit sind sie nicht mehr nach Relevanz geordnet, sondern du schreibst einfach nur noch untereinander was anfällt ohne jeglichen Bezug zu den Punkten vorher. Es bringt nichts den ganzen Tag nur „Visitenkarten-Aufgaben" zu machen. „Visitenkarten-Aufgaben" sind Aufgaben, die mehr der Fleissarbeit dienen, als dass sie für dich profitabel sind und dich voranbringen. Klar ist es toll, ein aufgeräumtes Outlook zu haben, aber wie dringend solltest du dich lieber deinem Mediakit widmen, worauf deine Kooperationspartner (weisst schon, die die dich dafür bezahlen für das was du tust) schon seit zwei Wochen warten? Der grösste Feind der Produktivität ist die Prokrastination. Die sorgt nämlich für extremen Stress wenn die Deadlines näher rücken und man immer noch auf das leere Blatt Papier schaut. Deshalb: Prioritäten setzen rettet deinen Hintern.

Setze nicht nur Ziele, sondern auch einen Fahrplan

Wenn ich meine Ziele setze, lege ich auch immer gleich die kleinen Steps dazu fest, die mich Schritt für Schritt zur Umsetzung führen. Du kannst dir das auch wie ein Rezept vorstellen, wo du nicht nur die Zutaten findest, sondern auch eine Anweisung, wie du was kochen musst, das am Ende das Gericht auf deinem Teller liegt. Ziele sind lange nicht mehr so gross und unerreichbar, wenn man sie in kleine Schritte herunter bricht, die einem erlauben, zügig einen Haken dahinter zu setzen. Ein Fahrplan nimmt dir den Stress und den Drang zu Überforderung, weil du nicht immer das geballte Ding vor der Nase hast, sondern dich in kleinen Schritten herantastest und so auch besser korrigieren kannst, wenn nötig.

Setze Grenzen und Limits
Der engagierte Mensch neigt oft zu Perfektionismus. Ab einem gewissen Grad muss man sich einfach eingestehen, dass die Dinge so gut sind, wie sie sind und dass man nicht wertvolle Zeit verschwenden sollte, um immer alles noch besser und noch perfekter machen zu wollen und stattdessen riskiert, dass man wirklich nie fertig wird. Noch werden dazu die Energien des Körpers so extrem angezapft, dass sich der Körper irgendwann wehrt, indem er zum Beispiel einen Burnout vorschickt. Deswegen habe ich zum Beispiel meine Zeitzone etwas nach hinten verschoben und für mich eine Lösung gefunden, wie ich für mich und mein Projekt am produktivsten arbeite. Mit der Regel, meinen Körper morgens ausschlafen zu lassen, habe ich für mich einen gesunden Rhythmus gefunden, egal ob andere das so sehen oder nicht. Es ist so wichtig, sich auch immer wieder auch die Zeit zu nehmen und darauf zu schauen, was man alles schon erreicht hat, den Perfektionismus hinten anzustellen und fertige Dinge einfach als fertig anzusehen – auch wenn sie nicht perfekt sind.

**Kontrolliere du die Technologie,
nicht anders herum**
Wir sind die Sklaven der heutigen Technik. Social Media, das Internet, Smartphones und all die tollen Tools und Programme beherrschen unser Leben und wir können fast nichts dagegen tun. Manchmal denke ich amüsiert an die Zeit der ersten Handys zurück, die Totschläger, oder als ich in der Schule noch Brieffreundschaften geführt habe und meinem Schwarm ganz schüchtern die kleinen Liebesbriefe vor dem Klassenzimmer in seine Garderobe gesteckt habe. Mensch waren das noch Zeiten. Heute nutzt du Whats App für alles und kommunizierst immer seltener so wirklich von Angesicht zu Angesicht. Obwohl ich selbst auch auf so manche genialen Programme wie Skype niemals mehr verzichten möchte, muss ich schon sehr aufpas-

sen, dass ich mein Leben nicht so komplett der Technologie überlasse und vergesse, dass das wahre Leben ausserhalb des Bildschirms stattfindet. Ich kann Stunden, ja wirklich vieeeele Stunden, damit verbringen im Internet zu surfen. Ich muss mich extremst zügeln, damit dass nicht überhand nimmt. Für mich als Unternehmerin geht mit jeder Stunde wertvolle Zeit verloren, daher habe ich mir einzelne Blöcke in meinem Kalender für extra solche Zeiten zur Recherche und Inspiration vorbehalten.

Halte regelmässige Pausenzeiten ein

Wenn ich mich an den Schreibtisch setze und in meinen Arbeitsmodus verfalle, bin ich im Nu in meiner eigenen Welt und merke gar nicht, wie schnell die Zeit vergeht. Oft merke ich erst nach Stunden, dass die Sonne schon untergegangen ist. Für solche Fälle habe ich aber Gott sei Dank noch meine Hündin, deren glorreiche und verantwortungsvolle Aufgabe darin besteht, mich regelmässig vor die Türe und weg vom Bildschirm zu zerren, andernfalls würde ich dort wahrscheinlich Wurzeln schlagen. Regelmässige Pausen helfen das Gehirn etwas aufzulockern, kreativen Blockaden vorzubeugen und sich den wundgesessenen Hintern und steifen Rücken zu vertreten. Hilft ja nichts, sich in seinem Zimmerchen zu verschanzen und für 24 Stunden kein Tageslicht mehr zu sehen. Du wirst produktiver, wenn du dich mal von deinen Aufgaben komplett löst. Hole dir etwas zu trinken, zu essen, telefoniere oder im besten Falle gehe eine Runde um den Block, das wirkt wunder, glaube mir.

Fange gar nicht erst mit Multitasking an

Im ernst, Liebes, bitte tue das nicht. Ich weiss, es gibt den einen oder anderen Menschen, der fährt damit ganz gut. Du musst aber gerade am Anfang dafür erstmal deinen Rhythmus finden. Wahrscheinlich weisst du bei vielen Dingen noch nicht, wie sie funktionieren und wie lange sie brauchen und deiner Produktivität wird es sicher nicht helfen, wenn du dir zu viele verschiedene Sachen auf deinen Teller lädst. Wenn du wirklich mit deinem Projekt Erfolg haben willst musst du lernen, dich zu konzentrieren und es richtig zu machen. Multitasking ist zwar toll wenn du es kannst, jedoch geht es hier nicht darum, während dem Autofahren telefonieren zu können (was du ja hoffentlich nicht tust) oder TV zu schauen während du die Küche aufräumst, sondern es geht hier um eine Arbeit, die in entsprechender Qualität abgeliefert werden muss. Leute werden im Idealfall dafür Geld zahlen, also konzentriere dich. Noch dazu wirst viel schneller damit fertig, wenn du nicht immer und immer wieder anfangen musst dich hineinzudenken.

Produktivität erfordert ... VIEL SCHLAF

Jap, ich rede hier aus Überzeugung. Selbst die besten Topmodels, die tollsten Unternehmer und die einflussreichsten Personen wären nicht so erfolgreich in ihrem Tun, wenn sie ihrem Körper nicht die Pausen geben, die er braucht. Während wir wach sind, arbeitet unser Mechanismus rund um die Uhr, er reagiert auf jedes Geräusch, speichert jedes Gespräch und empfindet jede Emotion. Wenn dann noch Stress, Ängste, Zweifel und Überforderungen dazukommen, kommt er ziemlich schnell an seine Grenzen, was sich dann wiederum auf unsere Produktivität auswirkt. Wer wenig schläft ist langsamer, weniger fokussiert, verspürt weniger Motivation und hat oft nicht die Power, das abzuliefern, was er eigentlich fähig ist zu geben. Deshalb: viel Schlafen, mindestens 8 Stunden am Stück – ist ohnehin die beste Medizin.

Schärfe deine Intuition

Es gibt Menschen, die sind extrem intuitiv veranlagt und spüren sofort, wenn etwas nicht ganz so ist wie es sein soll. Andere wiederum tun sich in Sachen Intuition immer noch etwas schwer. Sie wissen nicht, wie sie sie ihr Bauchgefühl einordnen, wann sie darauf hören und in welche Richtung sie damit einschlagen sollen. „Du spürst es, wenn es soweit ist", das ist eine Aussage, die man regelmässig hört, wenn man auf den richtigen Partner, die Bestätigung der richtigen Entscheidung oder auf DIE eine Botschaft aus dem Universum, von Gott oder wem auch immer wartet. Doch was, wenn man nicht fähig ist, die Message und die Zeichen richtig zu deuten, wenn sie dann mal wirklich auftreten? Wie weiss ich, wann meine Intuition mir den Wink mit dem Zaunpfahl gibt und wann sie mir sagen will, dass ich jetzt unbedingt dieses oder jenes wagen soll? Und wie lerne ich die Message richtig zu deuten, wenn sie mich vor etwas warnt oder mir grünes Licht für etwas gibt? Jeder Mensch hat diese eine innere Stimme. Denke zurück an die Momente, als Dinge passiert sind, bei denen du dir hinterher gesagt hast „wusste ich es doch!". Wenn du dich auf Personen eingelassen hast, bei denen du schon von vornherein ein komisches Gefühl hattest und sich hinterher herausgestellt hat, dass du dich doch lieber von ihnen hättest fern halten sollen. Wenn du dein hart erspartes Geld investiert und es sich hinterher als grosser Flop herausgestellt hat.

Ich bin sonst wirklich kein spirituell veranlagter Mensch, jedoch bin ich davon überzeugt, dass es eine Energie gibt, die jeden Menschen über seine komplette Lebenszeit begleitet. Ich bin ebenfalls davon überzeugt, dass es so etwas wie Schicksal gibt und das jedes Menschenleben irgendwo schon bereits geschrieben wurde. „Was für einen bestimmt ist, wird nicht an einem vorbeiziehen" – eine für mich sehr starke Aussage, die es ziemlich genau auf den Kopf trifft. Natürlich müssen wir unsere Entscheidungen selbst noch treffen und sind für unser Handeln eigenverantwortlich, ich denke aber, dass es kein Zufall ist, dass wir alle unter den verschiedensten Umständen geboren wurde. Ganz egal ob reich oder arm, eher in sich geschlossen oder extrovertiert, die Ausgangsphase eines jeden Menschenleben wurde mit einem Sinn so gewählt, den wir nicht verstehen müssen (auch wenn wir es manchmal gern wollten); unsere Aufgabe ist lediglich das beste draus zu machen und mit unseren gefällten Entscheidungen auf Kurs zu bleiben.

DER KAMPF GEGEN KRITIKER

Ok, let`s face it: Wer online unterwegs ist, wirfst sich quasi den Löwen selbst zum Fraß vor. Dieses Gefühl ist grausam. Ich hatte es schon so oft und ich war schon so oft am Boden deswegen. Dabei kann es doch so einfach sein: Verständnis und Toleranz sollte ja eigentlich nicht zuviel verlangt sein, wenn man jemandem von seinen Träumen und Zielen erzählt – mögen sie noch so unrealistisch sein. Und so schwer ist es eigentlich auch gar nicht. Eigentlich. Zum selbstsicheren Umgang als Karrierefrau in Online-Business gehört also auch der Umgang mit Kritikern, Miesmachern und Hatern – ganz egal aus welchen Reihen sie kommen. Wenn diese Personen auf dich oder dein Business treffen, kannst du dich darauf einstellen, dass mit wachsender Bekanntheit auch der Grad der Hemmungslosigkeit bei manchen steigt. Sie werden verletzend, ausfallend und sie wollen alles niedermachen, was ihnen über den Weg läuft. Dabei spielt es keine Rolle, ob du es bist oder ein anderer. Ihre negative Stimmung hat ganz und gar nichts mit deiner Arbeit und schon gar nicht mit deiner Persönlichkeit zu tun! Diese Leute kennen dich nicht. Ihre Aussagen stammen lediglich aus der eigener Unzufriedenheit, Neid oder Problemen, die sie von sich selbst und ihrem Leben auf andere projizieren. Sie wollen Frust ablassen und hassen dafür jeden der ein scheinbar glückliches Leben führt. Und davon solltest du dich auf keinen Fall einschüchtern lassen.

Im Moment befinde ich mich an einem entscheidenden Wendepunkt in meinem Leben. Es ändert sich gerade so ziemlich alles, was sich ändern kann. Ich habe meinen Job geschmissen, meine Wohnung gekündigt, mein Auto verkauft, alles verscherbelt was ich besessen habe, habe mir und meinem Hund ein One-Way-Ticket nach Los Angeles gekauft und ich möchte nun etwas ganz skurriles tun: Ich möchte Leben. Manche mögen nun die Stirn runzeln und sich denken „Hä? Und was machst du sonst so?". Eben, ich lebe nicht. Ich funktioniere bloss. Ich habe mir Hilfe geholt. Die habe ich gebraucht, da ich vor lauter negativer Gedanken das positive an mir und meinem Leben nicht mehr gesehen und wahrgenommen habe. Mir war nicht mehr bewusst, was mich glücklich macht und welche Auswirkungen meine Träume auf mein Leben haben könnten, wenn ich sie nur verfolgen würde. Ein entscheidender Punkt zur Modifikation meiner Lebenseinstellung war, dass ich aufgehört habe, mir meine Ziele und Träume von anderen schlecht- oder ausreden zu lassen. Ich begann zu realisieren, dass dies mein Leben ist und niemand das Recht hat, meine Träume als negativ zu bewerten. Niemand. Zumindest nicht, solange ich der Meinung bin, dass es das richtige für mich ist. Ich habe mich dazu entschieden, die Botschaft hinter den vielen kleinen Motivationsbomben, die auf Facebook und Instagram täglich geteilt werden, ernst zu nehmen und sie auf mein Leben zu adaptieren. Sprüche wie "Lebe deinen Traum" oder "Only the sky is the Limit" sind für mich keine leeren Worte mehr, sie sind für mich der Inbegriff dessen, was in meinem Leben nun Gestalt annehmen wird.

Frage nie um Erlaubnis
"Entschuldigung, ist es in Ordnung, wenn ich mir mein gesamtes Erspartes in eine Eskimo- Expedition stecke oder es den afrikanischen Ureinwohnern schenke?" - Hört sich doof an, oder? Eben. Frage nie um Erlaubnis! Warum denn auch? Wenn

das dein Traum ist, dann ist das eben so. Du bist ein erwachsener Mensch und kannst doch selbst entscheiden, wie du dir dein Leben gestaltest. Höre auf, dein Leben nach den Bedürfnissen anderer auszurichten. Ich nehme an, das hast du vermutlich schon lange genug getan. Der erste Schritt ist Selbstvertrauen, der zweite das Handeln.

Nimm es nie persönlich

Kürzlich habe ich eine angeregte Konversation mit ein paar Leuten gehalten, in der es darum ging, dass Dauerreisenden oft hinterhergesagt wird, sie würden vor Alltagsproblemen weglaufen und wären nicht in der Lage, sich schwierigen Situationen zu stellen. Dass das totaler Bullshit ist, brauche ich an dieser Stelle hoffentlich nicht mehr zu erwähnen. Sich für einen andersartigen, nicht typischen Lebensstil in Eigenregie zu entscheiden, gilt immer noch als sonderbar und speziell. Bloss nicht aus der Reihe tanzen, sonst giltst du als nicht gesellschaftsfähig. Lass diese Kommentare oder Bemerkungen nicht an dich heran und nimm es vorallendingen nicht persönlich. Viele Miesepeter sprechen aus Neid oder weil sie selbst mit ihrem Leben nicht zufrieden sind, es aber auch nicht ändern WOLLEN. Von Können möchte ich hier nicht sprechen - es geht alles, wenn man will. Irgendwie. Solche Leute sind nur Gift für dich und deine Motivation. Du wirst es nie jedem recht machen können und es wird viele Leute geben, die dich für einen absoluten Spinner oder Überflieger halten. Aber hey - WHO CARES?! Hat damals den Herrn Zuckerberg jemand für voll genommen? Er galt als Nerd, als Loser und wurde zu Beginn ausgelacht. Und jetzt, sieh, was er für ein Imperium geschaffen hat! Es gibt nichts, was nicht zumindest eine Chance verdient hat. Zeige, dass du es besser weisst und dass du deinen Weg schon gehen wirst. Wenn es sein muss, auch ohne Bestätigung oder lobendes Schulterklopfen von anderen. Wenn es dir hilft, stelle dir vor, wie sie auf dich reagieren würden, wenn du eines Tages stolz vorzeigst was du zu bieten hast. Wie würden sie reagieren? Letztendlich muss man auch sagen, mit diesem Punkt trennt sich die Spreu vom Weizen. Wahre Freunde und Familie stehen hinter dir EGAL WAS DU TUST. Leute die dich lieben und die dich und deine Bedürfnisse ernst nehmen, werden zu dir halten und dich unterstützen. Alle anderen kannst du den Hasen geben. Zeitverschwendung. Punkt.

Mach dir dein Ziel immer wieder bewusst

Vor allen Dingen in den Zeiten im Büro, wenn ich mal wieder richtig angepisst und genervt von Unfähigkeit, launischen Menschen oder einfach von dem Umstand, dass ich meine wertvolle Zeit sinnvoller hätte vergeuden können, hat mir aus Ausflug in meine "Traumwelt" enorm geholfen. Ich kreierte ein Visionboard, eine Collage, die ich mir aus Bildern zusammengestellt habe, die Dinge gezeigt haben, die mir wichtig sind und die ich erreichen möchte.

Nutze Begegnungen um für´s Leben zu lernen

Hast du dir schon einmal Gedanken darüber gemacht, was aus deinem Leben geworden wäre, wenn du dieser oder jener Person nicht über den Weg gelaufen wärest? Selbst die Menschen, die uns nicht gut tun, können uns so einiges über Selbstbeherrschung, Kritikfähigkeit oder Menschenkenntnis lehren. Wir lernen zu vertrauen oder uns von manchen Menschen fern zu halten. Wir lernen uns zurückzuziehen oder ausgewählten Menschen Zutritt zu unserer Existenz zu gewähren. Ich vergleiche das immer gerne mit der Naivität eines Neugeborenen. Als Baby vertrauen wir jedem und sind auf die Hilfe anderer angewiesen. Je älter wir werden, umso mehr lernen wir aus dem Umgang mit den Menschen, die uns tagtäglich umgeben. Wir entscheiden uns, ob wir deren Verhaltensweisen folge leisten oder ob wir andere Wege wählen. Ich halte außerdem auch sehr viel von Glücksbringern. Auch wenn man nie weiss, was sein wird, glaube ich daran, dass ein Glücksbringer immer eine gewisse positive Energie ausstrahlt, die sich auf das Gemüt eines Menschen legt. Ich habe mittlerweile mehrere, die ich von mir wichtigen Menschen erhalten habe, sowie auch welche, die mich an magische Momente erinnern. In verschiedenen Situationen mache ich mir die Energie dieser Glücksbringer bewusst und versuche sie auf meine Energie umzuwandeln und Kraft aus ihr zu schöpfen.

Stehe hinter deinem Traum

Ein falsches oder negatives Wort und man zweifelt gleich an seiner selbst und seinem Vorhaben. Man stellt plötzlich alles in Frage und traut sich nicht mehr, den ausgetüftelten Plan publik zu machen oder mit irgendjemandem darüber zu reden. Weitere Meinungen einzuholen oder auch nur um Feedback zu bitten, kommt nicht in Frage. Die Angst, als kompletter Loser oder Freak dazustehen ist am Anfang riesig und nur die wenigsten wissen damit umzugehen. Wer mag es schon, wenn seine Träume auseinandergenommen werden. Erwarte einfach nicht zu viel oder am besten gar nichts. Das moderne Zeitalter ist geprägt von Visionären, die Dinge vertreten, die von vielen Menschen einfach noch nicht so ganz verstanden werden. Erwarte deshalb nicht, dass diese Personen deinen gewünschten Lifestyle verstehen. Sprich mit ihnen darüber und mach ihnen klar, wie wichtig es für dich ist. Allein deswegen sollten sie deine Idee dahinter zumindest akzeptieren. Wenn dies nicht möglich ist, dann wäre es ohnehin besser wenn du dich von ihnen fern hältst. Nun, zum einen gibt es Kritiker und Miesmacher, die „nur" mit negativen Energien um sich werfen und stets denken, sie müssten dich auf alle möglichen Eventualitäten aufmerksam machen – nur nicht die positiven. Dann gibt es aber noch die Hater, dessen Präsenz nochmals eine anderes Level an psychischer Belastung bedeutet. Der Umgang mit diesen Kreaturen, ja ich nenne sie bewusst so, muss gekonnt sein. Sie sind nicht einfach nur verletzend, nein sie sind beleidigend, rufschädigend und bewusst daraus auf, jemanden fertig zu machen. Vor allem im Internet sind Hater extrem präsent, denn sie nutzen die Anonymität für ihre Psychospielchen. Sie sind bewusst darauf aus, andere leiden zu sehen und ihnen schlechtes zu tun. Das hat auch schon gar nichts mehr mit Kritik zu tun, sondern einfach nur mit Boshaftigkeit.

WIE DU TROTZ KRISENZEITEN DIE EUPHORIE AN DEINER IDEE BEHÄLTST

Das Problem ist immer dasselbe: In dem Moment, in dem Du eine Idee kreiert hast, bist Du Feuer und Flamme. Die Idee haut Dich von den Socken. Also fängst Du voller Elan an: Du schmiedest Pläne, machst die ersten Skizzen und malst Dir in Deinen Tagträumen aus, wie erfolgreich Du mit Deiner Idee sein könntest. Die ersten kleinen Meilensteine werden gesetzt und Du beginnst Schritt für Schritt Deine Idee Wirklichkeit werden zu lassen. Sobald aber ein paar Wochen oder Monate ins Land gehen, kommen erste Zweifel auf. Schließlich hattest Du genug Zeit darüber nachzudenken was alles schief gehen könnte und bekommst so langsam aber sicher ein Gefühl, welcher Aufwand sich hinter der Umsetzung verbirgt. Plötzlich kommen alle Dinge hervor, die Du für die Umsetzung in Kauf nehmen müsstest, das Ausmaß an Ausdauer und Einschränkungen wird Dir immer bewusster und auch der Umstand, dass es sicherlich eine Weile dauert, bis Du mit dieser Idee Geld verdienen könntest, lässt mehr und mehr an der Idee zweifeln. Dazu kommt noch die Angst nicht schnell genug den Fuß in die Tür zu bekommen und zu versagen. Die ersten Kritiker werden ebenfalls nicht lange auf sich warten lassen und dich mit ihrem ach so gut gemeinten Rat verunsichern. Und schon ist es passiert: Du verlierst langsam aber sicher die Euphorie an Deiner Idee. Doch was ist passiert? Du fragst Dich, wie es soweit kommen konnte, dass Du mir nichts, dir nichts gar nicht mehr so sicher bist, ob Deine grandiose Idee, wirklich so grandios war.

Doch keine Panik!

Denn jetzt kommen wir zur dem Punkt, der Dir zeigen soll, dass es gar nicht so schlimm und auch nicht so unüblich ist, dass die anfängliche Euphorie verschwindet. Es ist normal, dass man nicht über Monate oder Jahre dasselbe Ausmaß an Glücksgefühlen für seine Idee spürt. Es liegt vielmehr daran, dass man sich zu Beginn vor lauter Freude über den eigenen genialen Einfall, von Schmetterlingen im Bauch übermannen lässt und die ganze Arbeit, die in der Idee steckt, komplett ausblendet. Es ist auch normal, dass man früher oder später die rosarote Brille ablegt und alles auf intensivere Weise einem Realitätscheck unterzieht. Dass dabei manche Ideen doch nicht so toll abschneiden, wie sie es vorher getan haben, ist nicht verwunderlich und auch nicht unüblich.

Doch wie kannst Du die Euphorie für Deine Idee auf Dauer behalten?

Das Wichtigste ist, dass Deine Vision stark genug ist und du langfristig und egal was kommt, felsenfest von deiner Idee überzeugt bist.. Denn das macht auf Dauer ohnehin den Erfolg aus. Versuche nicht etwas umzusetzen, was nur „ganz nett" wäre. Denn früher oder später wirst Du Deine Idee automatisch einem Realitätscheck unterziehen und es werden Phasen auftauchen, in denen sich auch die nicht so tollen Seiten der Medaille blicken lassen. Alles hat seine Pros und seine Contras. Du wirst vielleicht an einen Punkt voller Zweifel und auch Selbstkritik kommen, Du wirst vielleicht Momente erleben, wo Dir alles über den Kopf wächst und Du wirst vielleicht Phasen durchstehen müssen, in denen Du Dich an Dein vorheriges unkomplizierteres und sicheres Leben sehen wirst. Letztendlich stellt sich dabei aber immer nur eine Frage: Mache ich weiter oder begrabe ich meine Idee?

Erfolgserlebnisse sind Balsam für die Seele und sie helfen dir dabei, die Begeisterung an deiner Vision nicht zu verlieren, falls über einen längeren Zeitraum nichts passieren sollte (wenn du beispielsweise noch am Anfang deines Blogs stehst und deine Leserschaft noch auf sich warten lässt oder du eifrig an deinem ersten Produkt gearbeitet hast und die großen Umsätze noch ausbleiben). Wenn du immer nur das große Ziel und nicht auch kleine Etappensiege vor Augen hast, setzt du dich selbst unnötigem Stress aus und deine Ausdauer wird schnell auf eine harte Probe gestellt. Setze dir kleinere monatliche Meilensteine, die dir immer wieder bestätigen, dass du nach wie vor auf dem richtigen Weg bist.

Folgende Punkte könnten dir ebenfalls helfen:

- Bleibe stark bei Kritik (auch wenn dies einfacher gesagt ist, als getan)
- Erinnere dich immer wieder an das überwältigende Gefühl, dass du hattest, als deine Idee geboren wurde
- Sei dir bewusst, dass jeder, der es heute als erfolgreicher Unternehmer geschafft hat, auch schon mindestens einmal am Punkt der Unsicherheit stand, wenn nicht sogar selbst schon einige Male gescheitert ist
- Stelle dir in regelmäßigen Abständen die Frage, ob du bestimmte Dinge nicht bedacht hast. Sie werden dir helfen einen geordneten Kopf zu behalten und dich vor unschönen Überraschungen schützen.

- Wenn du schon weißt, dass du von bestimmten Menschen kein positives Feedback erwarten kannst, beziehe sie nicht in Deinen Schmiedeprozess mit ein.
- Vor allem in der Phase, wo du dich eventuell von äußeren Einflüssen und der Meinung anderer zu stark beeinflussen lässt.
- Lass deiner Angst vor den Dingen die schiefgehen könnten nicht die Oberhand

Jeder Mensch sehnt sich nach Anerkennung und Wertschätzung. Jeder liebt es, wenn man ihm auf die Schulter klopft und seine Arbeit mit einem Lob auszeichnet. Die Realität schaut aber leider manchmal anders aus. Man wird es nicht immer nur mit Fans zu tun haben. Dieses unbewusste Bedürfnis nach Schulterklopfen verleitet uns viel zu oft dazu, dass wir uns mit Menschen umgeben, die uns auf unserem Weg alles andere als unterstützende Kräfte sind. Neben den ehrlichen Kritikern und Zusprüchen gibt es Menschen, die geben dir Komplimente, auch wenn sie sie nicht so meinen und dir nur gut zureden wollen. Andererseits gibt es auch jene, die dein Projekt beabsichtigt schlecht machen, obwohl sie es eigentlich ganz geil finden. Egal wie, solches Feedback wird dir nicht weiterhelfen. Um die Euphorie an deiner Idee zu bewahren, solltest du daher solchen Beurteilungen nicht alle Macht überlassen. Im Gegenteil: um die Euphorie zu behalten, sollte dein Bauchgefühl immer oberste Priorität haben. Alles andere ist nur Wischiwaschi.

Wenn du dir irgendwann nicht mehr sicher sein solltest, ob du mit deiner Idee noch glücklich bist, dann nehme dir eine Auszeit und denke über dein Vorhaben nach. Blende alle Ängste, Sorgen und alle Probleme aus und stelle dir die Frage, was du ursprünglich mit deiner Vision bewirken wolltest und ob du dich noch immer so dafür begeistern kannst. Ist sie nach wie vor mit deinen Werten vereinbar? Kannst du vollkommen dahinter stehen? Hilft dir diese Idee, das Leben zu führen, das du dir für die Zukunft wünscht? Was sind die Dinge, die dich scheitern lassen könnten? Und wie könntest du sie vermeiden? Brauchst du womöglich Unterstützung bei der Umsetzung? Brainstorme ausgiebig und schieße nicht gleich alles in den Wind, wenn schlechte Zeiten aufkommen. Es wäre viel zu schade, deine Idee einfach so aufzugeben.

DIE PERSÖNLICHE VERÄNDERUNG

Mein ganzes Leben lang habe ich in der Hoffnung gelebt, dass mir jene positive Dinge widerfahren werden, die ich in meinen wildesten Träumen vor mir gesehen oder die mir nachts vor lauter „Wie soll ich das jemals erreichen?" den Schlaf geraubt haben. Ich verstand nie, wie manche Menschen Dinge einfach so in den Schoss gelegt bekamen, für die ich mir die Nächte um die Ohren schlagen musste. Ich begriff es einfach nicht, dass mir immer wieder Möglichkeiten verwehrt wurden, obwohl ich dachte, ich wäre wie gemacht dafür gewesen. Konnte ich mich wirklich jedes mal irren? Oder musste ich einfach nur auf die härteste Weise erfahren, dass das Leben einen anderen Plan für mich hatte?

Vor einiger Zeit sah ich einen TV-Beitrag, in dem eine deutsche Modebloggerin die grossartige Chance auf ein Journalisten-Praktikum im USA-Korrespondenzbüro eines deutschen Klatschmagazins in Manhattan bekommen hatte. Die Chance, die diese Bloggerin bekam, war grossartig. Eine Woche als Boulevard-Reporterin in New York City. Ein Traum so vieler Mädels. Promis, Galas, Klatsch und Tratsch im Big Apple, ein Hauch von Sex and the City. Welches Mädel wünscht sich das nicht? Ein Leben wie Carrie Bradshaw. (Ich frage mich gerade, ob es wirklich jemanden gibt, der genau so ein Leben führt).

Das war es. Ja, das war genau das, was ich mir früher als treuer Sex and the City Fan ebenfalls wünschte. Ich muss gestehen, diese Serie war Schuld daran, dass ich Gefallen an dem Job der Journalistin gefunden hatte. Eine eigene Kolumne in einem Magazin, erfolgreiche Bestseller-Autorin, die in die Herzen der Frauen nur so hineinflattern würde und natürlich das Thema Liebe. Ich würde es nur nicht so dramatisch wie in der Serie leben wollen. Nun ja, der Gefallen am Schreiben ist mir geblieben, als Journalistin konnte ich mittlerweile auch etablieren, nur bin ich etwas von Kurs abgekommen und habe heute noch keine eigene Kolumne in einem Hochglanz-Magazin. Nicht, dass mein Leben dadurch schlechter ist. Im Gegenteil – ich liebe es. Ich liebe das was ich mir mit Mrs Globalicious geschaffen habe. Es ist tatsächlich mehr, als ich mir je erträumt habe.

Jedenfalls, während ich die Sendung verfolgte, wurde ich stark an das Gefühl meiner 20er erinnert. Genau das wollte ich auch – damals. Ich fragte mich, wie viele der Mädels, die sich gerade diesen Beitrag ansehen, sich wünschten, einmal in ihrem Leben so viel Glück zu haben. Einmal im Leben die grosse Chance auf einen Traumjob wie diesen. Sei es bei der Vogue oder irgendwo anders. Der Beruf der Journalistin steht gerade bei Frauen sehr hoch im Kurs und ich kenne einige, die ihr letztes Hemd für ein Mandat bei einem grossen Magazin geben würden. Während ich also da saß und der jungen Lady beim Meistern und Scheitern ihrer Herausforderungen in New York City zusah, dachte ich darüber nach, wie viele Träume zerplatzen und junge Talente verloren gehen, weil man es versäumt ihnen zu zeigen, wie wertvoll ihre Visionen für ihre eigene Zukunft und unsere Gesellschaft sind. Unternehmen müssen selektieren, um die Besten von den Besten herauszupicken und das ist auch deren gutes Recht. Weshalb sind wir aber in unserer Gesellschaft soweit gekommen, uns von jemandem sagen zu lassen, ob wir „genug" für diesen oder jenen Job sind? Und warum fällt es uns Frauen manchmal so schwer, für uns selbst und unsere Fähigkeiten einzustehen? Mir ist auch bewusst, dass man für manche Dinge einfach gewisse Vorkenntnisse oder grundsätzliche Fähigkeiten mitbringen sollte, aber ich habe es damals als sehr schmerzlich empfunden, wenn ich eine Absage für einen Job bekommen habe, der für mich die Welt bedeutet hätte. Ich wusste, ich konnte nicht alles und ich wusste auch, dass es Perfektionismus unter Menschen nicht gibt. Keiner kann alles. Aber ich wäre gewillt gewesen das fehlende zu erlernen. Stattdessen bekam ich mit jeder Absage immer wieder gefühlt eins mit der Keule mit. Als wäre ein Richter, wohlgemerkt, ein Mensch der mich nicht kannte, vor mir gestanden und hätte mir immer wieder in den Kopf gehämmert, dass ich zu nichts tauge und generell für nichts zu gebrauchen wäre. Wie gesagt, es ist verständlich, dass man bei der Besetzung einer Stelle irgendwo die Spreu vom Weizen trennen muss und das nicht jeder für jeden Job in Frage kommt. Mir geht es aber um etwas anderes. Mir geht es darum, dass Ablehnung in uns einen Schmerz verursacht, der uns innerlich zerbrechen lässt. Ich finde es so schade, dass gerade so junge Hüpfer im zarten Alter von 18 bis 22 Jahren durch herzlose Absagen und die Angst vor Ablehnung so hinuntergezogen werden. Und ich finde es schrecklich, wenn man ihnen mit der Art der Ablehnung unbewusst zeigt, dass ihr Traum nichts taugt.

Hunderte Bewerbungen auf eine kurze Zeitspanne würden jeden Tag in der Redaktion des Magazins eingehen, so wurde es im Bericht gesagt. Also hunderte von kleinen Möchtegern-Journis, Möchtegern-Carries oder Möchtegern-Kreativköpfen, die womöglich nie eine Chance haben werden, ihre Leidenschaft in voller Grösse zu zeigen. Ich dachte aber auch an die vielen anderen Frauen, die nach einer oder mehreren Absagen die Flinte ins Korn schmeissen, sich die Worte der Absagen zu Herzen nehmen und ihren Traum auf Eis legen. Leider sind nicht alle Menschen dazu gestrickt, hartnäckig und mit viel Ausdauer an einer Sache dranzubleiben. Die Angst vor Ablehnung ist einer der grossen Faktoren, die ein menschliches Herz schnell brechen lassen. Dabei spielt es keine Rolle, ob es sich um Ablehnung im Job, in der Familie, in der Beziehung oder im Bekannten- und Freundeskreis handelt. Niemand möchte gern abgelehnt werden. Der Mensch ist ein Soziales Wesen und muss erst lernen, damit umzugehen, wenn man ihn nicht braucht, ihn ausstösst oder er ausgegrenzt wird. Die Erfahrung der Ablehnung hat sich in mein Hirn gebrannt und ich habe leider erst spät erkannt, dass es keine Rolle spielt, was andere über mich denken, für wie fähig sie mich halten oder was sie mir zutrauen, solange ich es selbst tue. Es spielt keine Rolle, ob sie meinen Visionen und Ideen folgen können, denn nur ich weiss, wie sie im Detail aussehen. Es spielt keine Rolle, ob sie meinen Weg für richtig empfinden, den ich werde ihn allein gehen. Und es spielt keine Rolle, was sie für richtig halten, denn es ist mein Leben und das lebe nur ich. Ich wusste aber, dass der Zeitpunkt kommen wird, an dem ich mein eigenes Ding mache. Und das wird so geil sein, dass es mich nicht mehr kümmern wird, ob sie es für schlecht, mittelmässig oder sogar für gut empfinden. Ach übrigens: Dieses Mädel hat sich (vorerst) gegen eine Karriere in dieser Redaktion entschieden. Warum? Weil sie ihren Traum in ihrem Herzensprojekt, ihrem Blog, mehr austoben kann, als sie es vermutlich jemals in der Redaktion dieses Boulevard-Magazin hätte tun können. Und ich finde, sie hat sich richtig entschieden. Höre auf das, was dein Herz dir sagt. Denn nicht alle Türen, die am Anfang richtig und mächtig erscheinen, entwickeln sich auch zu den richtigen Türen für deinen Lebensweg. Blockiere dich nicht selbst durch Ängste, Zweifel oder Selbstkritik. Nicht perfekt zu sein öffnet dir meist mehrere Türen. Perfektionismus bedeutet ja im Endeffekt nur, dass es dieser Sache nichts mehr hinzuzufügen gibt, dass es keinen Verbesserungsbedarf gibt und dass nichts in der Welt dieser Sache das Wasser reichen kann – und das ist unmöglich! Perfektionismus ist eine Illusion, die dich nur ausbremst.

Du hast Angst davor dich mit eingezogenem Schwanz wieder in deinen alten Jobs zurück bewegen zu müssen und dich vor deinen Kritikern a´la „Hab ich es dir doch gesagt, dass das nichts wird" rechtfertigen zu müssen? Wer sagt, denn das du das musst? In meinen Augen wärest du ohnehin von allen guten Geistern verlassen, wenn du dich wieder freiwillig in deinen alten Job bzw. in deine alte Firma, die dich zur Verzweiflung gebracht hast, zurückbewegst. Wenn es wirklich so weit kommen sollte, dann suche dir einen anderen Job in einer anderen Firma, in einem Umfeld, wo du nicht wie eine getriebene Sau durchs Dorf gejagt wirst. Im Gegensatz zu den anderen hast du es zumindest versucht. Du hast dich ins kalte Wasser geschmissen – ohne Erfolgsgarantie. Wenn du mich fragst, spricht das eher für deinen Mut, denn du hast damit einen Schritt gewagt, den sich viele nicht mal trauen würden.

ÜBER MICH, DORIS GROSS

Ich bin Journalistin und Bloggerin, Hundeliebhaberin mit chronischem Fernweh. Außerdem Selbstverwirklichungsjunkie und leidenschaftlicher Schreiberling. Als Gründerin und Autorin des "Mrs Globalicious" - Online-Magazins, schreibe ich über meine eigenen Erfahrungen und Meilensteine, die ich auf meinem Weg in meine Selbstständigkeit gegangen bin. Doch ich stehe nicht immer im Fokus. In den letzten Jahren habe ich unzählige Frauen kennengelernt, die von ihrem Background nicht unterschiedlicher hätten sein können, aber sie haben eines gemeinsam: Die Vision von etwas grösserem. Etwas, dass grösser ist als sie selbst. Ich sehe es als meine Mission, diesen Frauen eine Stimme zu geben um andere Frauen an die Hand zu nehmen. Denn was funktioniert besser als Erfolgsstories von Menschen, die denselben Weg bereits gegangen sind?

Was du nicht über mich googeln kannst, aber dennoch über mich wissen solltest: Ich bin eine von vier Geschwistern, aufgewachsen in einem beschaulichen Dorf im Südwesten Deutschlands – dort, wo sich Fuchs und Hase „Gute Nacht!" sagen; das alles ohne den goldenen Löffel im Mund. Mir wurde nie etwas geschenkt, ich hatte und habe weder reiche Eltern, unternehmerische Wurzeln, noch hat mir bisher jemand meinen Masterplan serviert. Jedoch hatte ich eine schöne und sorgenfreie Kindheit, liebevolle Eltern und eine turbulente Zeit mit meinen Geschwistern. Ich habe nicht studiert, zumindest nicht an einer staatlichen Uni. Ich bin den Weg einer klassischen Ausbildung der Groß- und Außenhandelskauffrau gegangen und habe mir mit Nebenjobs an der Supermarktkasse mein Abendstudium finanziert. Wie du siehst, ich bin nichts besonderes, nicht anders als viele andere Frauen.

Mit rund 21 Jahren bin ich losgezogen und habe in den letzten Jahren in verschiedenen Städten in Deutschland, den USA und der Schweiz meine Zelte aufgeschlagen. Heute habe ich meinen Traum erfüllt und kann vom Schreiben leben. Im Januar 2015 habe ich entschieden, meinem Leben die gewünschte Würze zu geben und meinem Herzenswunsch eines eigenen kleinen Imperiums zu folgen. Ich habe mich von der stetig zudrückenden Schlinge des Arbeitnehmerdaseins gelöst und mit meinem Online-Magazin „Mrs Globalicious" meinen Beruf zur Berufung gemacht. Aus einem Hobbyblog wurde ein professionelles Werk. Ich konnte endlich das tun was ich liebte und das nun so ganz nach meinen eigenen Regeln. Ich baute mir eine tolle Leserschaft auf, verzichtete auf Like-for-Like Contests und gekaufter Reichweite (obwohl mir einige „Profis" dazu rieten) und konzentrierte mich stattdessen lieber auf einen intensiven und transparenten Austausch mit meinen Lesern. Frauen, die wie ich noch viel in dieser Welt bewegen wollen.

Im Frühling 2016 wagte ich den nächsten Schritt in meine Selbstverwirklichung. Ich verabschiedete mich nach vier Jahren aus der Schweiz, verkaufte mein Auto, löste meinen ganzen Hausstand auf. Was ich nicht verkaufen konnte wurde verschenkt. Ich verabschiedete mich sogar aus einer langjährigen Beziehung, die mir nicht mehr gut tat und kaufte mir ein Flugticket in mein neues Leben. Das Ziel? Geographisch gesehen Los Angeles, mental war es aber viel mehr als nur ein neues Leben in der Stadt der Engel. Ich fühlte für zwei Monate vor, versuchte mir meine Chancen vor Ort für einen Neuanfang auszumachen. Amerika war schliesslich schon immer meins. Und was soll ich sagen, es funktionierte. Kein halbes Jahr später hatte ich in Deutschland meinen eigenen Verlag Fempress Media gegründet, für ein Visum gesorgt, meinen Hund in die Hundebox gepackt und mich mit einem One-Way-Ticket in ein neues Leben verabschiedet.

Ich war schon immer etwas anders als die anderen. Ich war diejenige mit den grössten Flügeln und meine Tagträume haben mein Leben dominiert. Ich wurde über lange Zeit ziemlich dafür belächelt und nicht ernstgenommen, doch ausgebremst hat mich das nie. Angetrieben von dem Bild des idealen Lebens nach eigenen Vorstellungen und Bedürfnissen, habe ich entdeckt, was für mich wirklich zählt: Ich will glücklich sein. Und das kann ich nicht, wenn ich nur funktioniere. Ich bin 30 Jahre alt, habe aber genug Lebenserfahrung um zu wissen was für mich gut ist und welche Werte für mich in meinem Leben zählen. Mit Ronja, meiner Collie-Mix-Hündin, die ich aus der Rettung von Bulgariens Strassen geholt habe, lebe ich den Pippi-Langstrumpf-Style – ich lebe, wie es mir gefällt und ich scheue mich nicht vor Neuanfängen. Ich lebe nicht auf der Flucht (auch wenn es für manche so den Anschein macht), aber ich liebe das Kennenlernen von außergewöhnlichen und inspirierenden Menschen.

Ich sehe mich nicht als Digitaler Nomade oder irgendeine andere Modeerscheinung. Ich bin ich und das sein zu dürfen, macht mich unwahrscheinlich glücklich. Ich wünschte manchmal, ich könnte für fünf Jahre in die Zukunft schauen um zu sehen, ob sich der ganze Aufwand lohnt, den ich so tagein und tagaus zelebriere, doch solange ich aber noch kein Ticket für eine Zeitmaschine habe, lebe ich stets mit dem Ziel vor Augen an meinem Sterbebett später nichts bereuen zu müssen und mit einem Lächeln auf dem Herzen meine Augen zu schliessen. Seit September 2016 lebe ich nun in Los Angeles. Weit weg von selbstauferlegtem Druck und Dingen, die mir nicht gut tun. Ich lebe und arbeite nach eigenen Vorstellungen und geniesse die Freiheit hier nochmals von vorn anfangen zu dürfen. Warum Los Angeles? Nun ja, ich bin nunmal ein Sonnenkind und ich liebe es, wenn ich mich vom Spirit anderer Menschen anstecken lassen und selbst wachsen kann. Los Angeles war kein Zufallstreffer. Dort zu leben, wo aus Träumen die Realität kreiert werden kann, ist für mich einfach das Paradies. Sicherlich ist es nicht zu unterschätzen, Städte wie diese sind ein hartes Pflaster, jedoch lebe ich nun meine Freiheit und arbeite für mein eigenes Business. Ich habe es mir abgewöhnt, mich ständig mit anderen vergleichen und konkurrieren zu müssen, es ist schliesslich genug für alle da. Selbst in einer Stadt mit 10 Millionen Einwohnern und Träumen so gross wie das Universum. Wenn mich die Vergangenheit etwas gelehrt hat, dann definitiv, dass ich mich nicht für meinen vielleicht manchmal unkonventionellen Lebensstil entschuldigen oder rechtfertigen muss. Denn er ist meiner, und das ist auch gut so.

UND WANN LEGST DU LOS?

Was wäre, wenn ich Dir sagen würde, dass es keinen Grund auf dieser Welt gibt, warum Deine Vision, Dein Ziel oder Dein Traum von einem Leben in Selbstbestimmung, nicht funktionieren sollte?

Würdest Du mir dann sagen ... ?

Ja, aber ...

... ich habe kein Geld um mein eigenes Business zu gründen

... ich habe nicht genug Selbstvertrauen um mich auf Dauer erfolgreich als Unternehmerin zu beweisen.

... ich habe Angst davor mich aus meinem Vollzeitjob zu lösen. Wenn das schief geht, habe ich gar nichts mehr

... ich will nicht als Versagerin dastehen. Was, wenn mein Plan nicht aufgeht?

... ich habe doch gar keine Ahnung, wo meine Stärken und meine Leidenschaften liegen – geschweige denn, womit ich mich überhaupt selbstständig machen sollte.

... ich habe zwar eine Idee, aber ich weiß gar nicht, wo und wie ich anfangen soll.

... ich bin Mutter, Ehefrau und sehe meine Prioritäten im Moment noch bei meiner Familie. Ich würde zwar gerne, hätte aber das Gefühl ich würde meine Kinder vernachlässigen.

... ich habe niemanden, der mich unterstützt.

... ich habe Angst davor, was Freunde und Familie über mich und meine Pläne denken würden.

... ich habe nicht den Mut um den ersten Schritt zu machen.

... ich bin Sicherheitsfanatiker und brauche einfach einen Strohhalm, der mir meinen bisherigen Lifestyle sichert. Ich bin kein Mensch, der einfach so mir-nichts-dir-nichts springen kann.

... ich habe doch gar keine Ahnung von der Welt der Unternehmer.

... ich bin doch viel zu jung / zu alt.

... ich habe jetzt schon einige Rückschläge hinter mir, einen mehr möchte ich nicht riskieren.

...

Wenn Du Dir etwas wirklich wünscht und sich Dein Kopf 24/7 nur um diese eine Sache dreht, dann hast Du das Bedürfnis nach Umsetzung - Punkt. Und anstatt mit Dir nun über den Sinn und Unsinn der obigen (oder Millionen andere) Ausreden zu diskutieren, möchte ich Dir nun sagen: Es geht!

Denkst Du, die Bestsellerautorin J.K. Rowling würde derzeit zu den erfolgreichsten Schriftstellerinnen zählen, wenn sie aufgegeben hätte? Sie erhielt zig Absagen und musste viele Rückschläge einstecken, bevor Harry Potter zu dem wurde, was es heute ist. Sie lebte alleinerziehend und als Sozialhilfeempfängerin!

Winston Churchill blieb in der sechsten Klasse sitzen. Er wurde erst im Alter von 62 Jahren Premierminister in England, und da lag bereits ein Leben voller Niederlagen und Rückschläge hinter ihm. Seine größten Beiträge leistete er erst im hohen Alter.

Walt Disney wurde wegen Mangels an Ideen von einem Zeitungsherausgeber gefeuert bevor er Jahre später die Marke Disney und das Disneyland zu internationalem Erfolg aufbaute.

"Aber ich bin keine J.K. Rowling, kein Winston Churchill und auch kein Walt Disney!" – ja, das bist Du nicht. Weißt Du aber, was Du bist? Genauso einzigartig wie all diese inspirierenden Persönlichkeiten! All diese Erfolgsgeschichten haben mit Deiner eines gemeinsam: sie hatten auch nur 24 Stunden am Tag zur Verfügung und hatten wie auch Du, die Möglichkeit Entscheidungen zu treffen. Warum solltest Du das also nicht können? Warum bist Du der Meinung, dass alle anderen besser, talentierter und mit mehr Glück gesegnet sind, als Du? Weil es bisher schon nicht funktioniert hat?

Wenn ich ungefähr fünf Jahre zurückblicke, sehe ich in mir eine Person, die mir immer wieder selbst eingeredet hat, dass ich ja gar nicht die Möglichkeiten hätte, um in meinem Leben wirklich etwas reissen zu können. Ich hatte stets das Gefühl, nichts geht voran und wäre dazu verdammt, mein Leben in schlecht bezahlten Jobs und fern von jeglichen inspirierenden Momenten zu leben. Das alles, weil ich nicht aus einer Unternehmerfamilie komme, ich kein Vitamin B in der Hinterhand hatte und eher introvertiert unterwegs war. Ich beneidete alle Karrierefrauen, die es geschafft hatten, mit einer coolen Idee einen ungemeinen Erfolg zu erzielen. Ich wollte das auch. Immer. Über all die Jahre. Was ich aber all die Jahre nicht bedacht hatte, ist, das ich das Wort "Karriere" nach eigenem Ermessen festsetzen konnte. Meiner Meinung nach, hatte man erst dann Karriere gemacht, wenn man schon am Ende des Weges angekommen war und die Früchte schon ernten konnte. Dass der Weg dorthin aber viel erfüllender sein könnte, wurde mir erst dann bewusst, als ich endlich dazu in der Lage war den ersten Schritt zu machen. Klar, ich konnte noch keine großen Geldeinkünfte auf meinem Konto sehen, was ich aber spüren konnte, war ein großes Stück Freiheit und ein Geschenk, das ich mir selbst gegeben hatte: Ich hatte auf mich selbst gehört.

Mittlerweile habe ich mich von meinem alten frustrierenden Leben gelöst, mich von all dem materiellen Kram gelöst, der mich nur für Momente glücklich gemacht hat und ich habe mich von Menschen verabschiedet, welche mich auf der Suche nach meinem Glück eher behindert als unterstützt haben. Nun fange ich ein neues Leben in Los Angeles an, als eigenständige Unternehmerin mit eigenem Verlag und einer grossen Portion Selbstliebe. Und ja, ich erlaube mir das erste Mal in meinem Leben egoistisch und selbstsüchtig zu sein, weil ich es mir wert bin. Keine Frage, ich hatte Selbstzweifel, ich hatte Angst und vor allem: ich hatte absolut keinen Plan. Den habe ich mir nun in den letzten Jahren zusammengeschustert. Früher perspektivlose und planlose Möchtegern Unternehmerin, heute selbstbewusste und willensstarke Selbstverwirklicherin mit eigenem Verlag.

Das einzige, dass ich in meinem Leben bereue ist, dass ich nicht schon viel früher angefangen habe. Ich habe mich an die richtigen Menschen gewandt, von den richtigen Menschen gelernt, die richtigen Entscheidungen getroffen und ich habe viel über mich, meinen Selbstwert und die Magie des ersten Schrittes gelernt. Ich habe gelernt, dass es nicht darauf ankommt, wo man herkommt, was man bisher erreicht hat und wie dick der Geldbeutel sein muss, sondern welchen Einfluss eine gesunde Persönlichkeit auf den Erfolg haben kann, wenn sich das Mindset richtig ausrichtet.

Selbstverwirklichung ist kein Hexenwerk, deshalb bin ich der Überzeugung, dass jeder das Zeug dazu hat, sich sein Leben nach eigenen Bedürfnissen aufzubauen. Auch du!

Ich glaube an dich!

Alles liebe!

Deine Doris